Dématérialisation et gouvernance électronique

COLLECTION ENJEUX ET DROITS NUMÉRIQUES
Dirigée par Kodjo NDUKUMA ADJAYI

La présente collection traite du Numérique dans ses enjeux sociétaux et juridiques, sous l'angle des réflexions universitaires ou indépendantes. La révolution numérique déploie les limites du cyberespace transfrontière. L'Internet est l'artère du corps social moderne. Nos avatars informatiques vivent dans l'« infosphère », un cybermonde avec des effets cinétiques dans le monde réel. La socialisation du Net est planétaire, grâce à la mise en données du monde (*big data*). Les infomédiaires assurent les fonctionnalités de l'écosystème numérique. La « robolution » se profile avec les objets connectés, l'essor de l'intelligence artificielle. Le Net libertaire est un défi pour l'impératif de la norme étatique et le monopole de la puissance publique que l'État exerce au nom de tous et de chacun. Les enjeux sont notamment : cybersécurité et souveraineté numérique, vie privée et données personnelles, preuve et signature électroniques, interrégulation, e-gouvernance, économie numérique, us polycentriques du Net et transformations sociales, hétérodoxie des normes rigides (*hard law*), floues (*fluzzy law*) et flexibles (*soft law*)...

Déjà parus

Droit de l'économie numérique. E-commerce et dérégulation européenne, française, internationale, africaine, congolaise des télécoms
(Ndukuma Adjayi Kodjo)

Droit des télécoms et du numérique. Profil africain et congolais, prospective comparée d'Europe et de France
(Ndukuma Adjayi Kodjo)

À paraître

Transformation digitale dans l'industrie bancaire et non bancaire
(Gaby Kabue Kayombo)

Éléments comparés des Droits civil et pénal du commerce électronique, Enjeux de consumérisme et de déterritorialité
(sous la dir. Ndukuma Adjayi Kodjo,
Diangienda Mvete Ashley, Loleka Ramazani Blaise,
avec la collaboration de Bénédicte Mbambu)

Sous la coordination de
Eugène Rufin Bouya
et Kodjo Ndukuma Adjayi

Dématérialisation et gouvernance électronique

L'Harmattan

Actes du Forum numérique Congo 1re édition
& journées portes ouvertes du GUOT
Du 10 au 12 septembre 2018
Lieu du forum : Hôtel Atlantic Palace, Pointe-Noire (CONGO)

5-7, rue de l'Ecole-Polytechnique, 75005 Paris

http://www.editions-harmattan.fr

ISBN : 978-2-343-19140-9
EAN : 9782343191409

AVANT-PROPOS

Eugène Rufin BOUYA[1],
Me Kodjo NDUKUMA ADJAYI[2]

L'initiative née en 2018 à Pointe-Noire en République du Congo par l'ingénieur Eugène Rufin BOUYA, dont l'objectif est d'inviter à la réflexion les experts autour des intangibles du numérique.

La dématérialisation est bien à l'œuvre à l'ère numérique. Le mouvement de numérisation a produit les nouvelles frontières du monde continuellement mis en donnée et inextricablement mis en réseau. L'avènement de l'Internet grand public reste marquant pour ses glissements de paradigmes. L'ordre de ses bouleversements réinterroge nos approches classiques, notamment celles basées sur la territorialité du droit, sur les limites spatiales du territoire, sur la garantie du pouvoir de l'État dans ses affaires locales, sur ses modèles disruptifs. Une révolution aussi brusque que celle portée par l'Internet marque autant par son échelle planétaire que par sa rapidité d'emprise sur tous les compartiments de nos vies.

L'Internet aujourd'hui est l'épicentre de la réinvention de nos manières d'être, de vivre, d'apprendre, de commercer. Si le changement d'ordre sociétal est perceptible à l'ordre de l'Internet opératif, il s'ouvre par ailleurs un large pan de recherche de l'introuvable. La technique, qui porte notre société de l'information, impose un phénoménisme, qui se complète d'intellectualisme. Sinon, les efforts d'appréhension de l'immatériel se solderaient par l'explication de la technique à sa base. Ce qui n'est pas suffisant.

---

[1] Ingénieur informaticien, diplômé d'EPITA double compétence Master Management et Informatique. Paris (France).

[2] Docteur en droit de l'Université Paris 1 Sorbonne (France), professeur des universités (RD Congo).

L'approche de finalité technique s'associe à la finalité d'usage des technologies dans la société des normes polymorphes. Pour le technicien assurant la fonctionnalité du système, ce dernier est bon tant qu'il fonctionne. Quand le système dysfonctionne, la maintenance et la réparation répondent aux besoins de sa remise en service et de sa mise à jour. L'Internet est un système né de la technologie, mais il forme tout un cybermonde, qui s'ajoute indispensablement au décor naturel de la Terre.

L'économie numérique a mis en scène des « *pure players* » dont l'existence, consubstantielle au *byte*, au *digit*, à l'*octet*, déphase l'architecture pyramidale de nos modes d'organisation étatique. L'alchimie de la dématérialisation opère un transfert du pouvoir de contrôle sur les faits et sur les choses au bout du clic. Les forces du marché électronique et le code informatique rythment l'innovation sans que nos lois soient toujours en mesure de suivre.

Au regard du modèle westphalien de nos États-nations, la norme fait aller la société organisée. Sacrifiant au pouvoir de l'État, les peuples se rassurent et se sécurisent d'un dépositaire d'archétype régalien. C'est bien à ce dernier qu'appartient le monopole de la contrainte au titre de dernier argument des rois (*ultima ratio regum*). L'État agit au nom de l'intérêt général sur lequel est bâtie sa légitimité comme la somme supérieure d'intérêts individuels au nom de la Justice, de l'Ordre et du Bien commun. Toutefois, le cyberespace, né de l'interconnexion des ordinateurs et des intelligences, apparaît comme un ordre polycentrique sans shérif.

Les États postmodernes de Jacques Chevallier étaient déjà dénués de gouvernement mondial. Leurs peuples, citoyens-internautes, ont pris rendez-vous sur l'Internet, se faufilant dans les interstices béants des souverainetés nationales. Internet n'est plus seulement un lien déterritorialisé sans localisation sur la carte du monde, car il est partout. Il est un lieu dématérialisé, peuplé des masses d'internautes qui y trouvent un cadre de vie qui se situe nulle part ailleurs qu'en ligne. Les États du monde font la même expérience de cette société numérique avec ses paradoxes du progrès. L'Afrique n'est pas en reste… La globalisation suggère l'abaissement des frontières géographiques : les États se rapprochent dans le village global de *Mc Luhan*, mais distendent en même temps leurs « *frontières conceptuelles* » (Horatia Muir Watt). Pour cause : des artifices politico-juridiques, des cultures irréductibles… La pluri-normativité est une caractéristique du cyberespace. En tant que territoire opérationnel, il est aussi d'un « *universalisme pluriel* » (Mireille Delmas-Marty) appelant une gouvernance à multiples épithètes…

Comme la dématérialisation n'est pas le propre de l'Internet, il a été nécessaire d'en rapprocher la réflexion avec la gouvernance électronique. La convergence des horizons qu'opère l'Internet se compose d'avantages comparatifs et d'expériences transnationales. L'étude des objets techniques de l'Internet depuis l'intérieur peut paraître cloisonnante si la vision panoramique ne nous conduit pas à la périphérie des clivages continentaux : Nord *vs* Sud, pays développés *vs* pays en développement.

Du 10 au 11 septembre 2018, Pointe-Noire a été la destination des spécialistes, scientifiques et professionnels sans qui l'Acte I du Forum Numérique Congo n'aurait pu faire l'objet des annales de l'histoire. Le Groupement informatique et société, Grinso & Associés, sous la coordination de l'ingénieur Eugène Rufin BOUYA, s'est inscrit à l'initiative du projet. C'est autant que le Guichet unique des opérations transfrontières (GUOT) a ouvert ses portes à l'initiative du Forum Numérique Congo. Il s'est agi d'un festival de la pensée, réunissant plusieurs nationalités d'acteurs, jouant d'éminents rôles dans la politique, les sciences et les affaires. Les écrits qui consignent leurs idées leur rendent un hommage durable et appuyé. La richesse de leurs idées est à la mesure de la diversité de leurs trajectoires, parfois avec la conciliation de leurs différences.

Deux ans de distance critique plus tard, les scientifiques en témoignent, grâce à la valeur recluse du temps qui déploie sa vertu de recul sur les évènements (Acte I) et de calcul sur l'avenir (Acte II).

Avec l'expression d'incommensurables
remerciements à tous
ceux qui ont fait
l'être et l'avoir
de l'Acte I

Mot de circonstance

Eugène Rufin BOUYA[1]

Monsieur le ministre des Transports, de l'Aviation civile et de la Marine marchande ;

Monsieur le ministre des Postes, des Télécommunications et de l'Économie numérique ;

Madame et Messieurs les membres du gouvernement ;

Monsieur le représentant du député, maire de la ville de Pointe-Noire ;

Distingués invités en vos rangs, grades et qualités ;

Mesdames et Messieurs,

Le Comité d'Organisation du Forum Numérique Congo et le Guichet unique des opérations transfrontalières que je représente ici, sont très honorés de vous accueillir dans cette salle à l'occasion de l'ouverture des travaux de la 1re édition du Forum Numérique Congo.

Votre présence à cette cérémonie, en dépit d'un emploi du temps très chargé, étale à la lumière du jour, l'importance que vous accordez aux technologies de l'information et de la communication, notamment leur utilisation pour favoriser le développement de l'économie numérique, la gouvernance transparente, participative et innovante. Ce, conformément à la politique du président de la République, chef de l'État, Son Excellence Monsieur Denis SASSOU NGUESSO, qui, dans son programme d'action ***la Marche vers le Développement***, trace les sillons d'une vision ambitieuse portant sur la promotion du numérique dans le cadre d'une cyber-stratégie nationale.

[1] Directeur général du GUOT à l'ouverture de la 1re édition du Forum Numérique Congo, Pointe-Noire, le 10 septembre 2018.

Madame et Messieurs les membres du gouvernement,
Distingués invités,
Permettez-moi de saluer la présence dans cette salle des panélistes étrangers, qui nous ont fait l'honneur et l'amitié de faire le déplacement de Pointe-Noire pour prendre part et contribuer de façon effective à enrichir cette 1re édition du Forum Numérique Congo.

À tous et à chacun, je souhaite une cordiale bienvenue en terre africaine du Congo-Brazzaville. Ici vous êtes chez vous !

Mesdames et Messieurs,
L'histoire de l'évolution des sociétés humaines nous apprend que l'homme a connu depuis la nuit des temps, des mutations importantes et profondes qui ont marqué, sinon bouleversé sa présence sur Terre.
Je citerai :
- la révolution industrielle de 1765 qui marque l'apparition de la mécanisation ;
- la révolution de 1870 qui marque l'apparition des sources d'énergie comme l'électricité, le gaz et le pétrole, dont la mise au point du moteur à explosion ;
- la révolution industrielle de 1969 avec l'avènement de l'énergie atomique mais bien mieux en ce qui nous concerne, l'avènement de l'électronique avec le transistor, puis le microprocesseur ensuite les télécommunications et l'informatique.

Mais jamais, l'homme n'a connu une mutation aussi rapide que prodigieuse, comme la révolution numérique. Elle change les modes de vie en brisant toutes les barrières, en simplifiant les couloirs du savoir et de la connaissance.

Dans le même temps, cette révolution est source de criminalité ou de violation des droits fondamentaux des citoyens. Le nombre croissant d'attaques informatiques répertoriées ces derniers temps, leur complexité et les vulnérabilités des réseaux et systèmes d'information inquiètent tout le monde, aussi bien les États, les gouvernements, les entreprises que les citoyens.

Cette révolution qui est la quatrième des précédentes que j'ai citées en amont, se déroule depuis quelques années sous nos yeux. Sa genèse trouve sa source à l'aube du troisième millénaire avec l'apparition d'Internet.

Dans ce contexte de profondes mutations technologiques, sociétales et environnementales, nous sommes tenus de nous engager sur des analyses et des réflexions prononcées quant à la place à donner à la cybersécurité, les choix à faire et les bonnes pratiques à mettre en œuvre dans la gouvernance électronique, les infrastructures à faire valoir ainsi que les différentes implications dans ce secteur innovateur.

Les assises qui s'ouvrent ce jour sont motivées par cette volonté qui anime le GUOT, de bâtir dans la durée, un environnement équilibré et résilient où les usages de l'Internet ne remettront pas en question les droits fondamentaux des citoyens et l'intégrité des valeurs que l'économie numérique rend possibles.

Distingués invités,
Mesdames et Messieurs,

Le Guichet unique des opérations transfrontalières, organisateur des présentes assises, est l'organe chargé de la promotion du commerce électronique congolais et l'Autorité de Certification racine de l'État congolais.

L'ambition du gouvernement congolais est de développer les TIC dans notre pays pour en faire un levier important de croissance et de transformation sociale et économique dans le sillage de la diversification de son économie.

Au Guichet unique des opérations transfrontalières, la concrétisation de cette ambition est une réalité. Chaque jour, nos équipes contribuent à la modernisation de l'administration publique et l'amélioration de l'environnement des affaires par l'usage des TIC afin d'exploiter pleinement le potentiel et les opportunités offertes par le développement du numérique, notamment dans les transactions électroniques.

Distingués invités,
Mesdames et Messieurs,

Le Forum Numérique qui s'ouvre ce jour s'inscrit dans cette ambitieuse perspective en ce qu'il vise à recenser les intelligences, engager le débat à coup d'idées, de notes de synthèse et d'analyse pour une prospective prononcée sur les thématiques retenues.

Le Forum Numérique Congo voudrait s'ériger en ***« think tanks »***, poursuivant l'ambition de produire des idées probantes de grande qualité afin de contribuer à l'effort des gouvernements africains, celui du Congo en particulier, dans la recherche et la définition de meilleures pratiques et solutions pertinentes, aux fins d'accélérer le développement de l'économie numérique à travers la capitalisation des expériences et le partage des connaissances, autour d'une plateforme collaborative internationale.

Pour sa première édition, notre Forum réunit des acteurs venus d'horizons divers, de sensibilité et d'expériences différentes avec pour seule motivation celle d'échanger et de faire émerger des réflexions plus que positives adaptées au numérique, notamment en matière de dématérialisation, de sécurité informatique, du droit du numérique, d'infrastructures technologiques et d'usage des TIC.

Mesdames et Messieurs,

Pour nous, l'enjeu du forum est de favoriser une compréhension élargie sur ces problématiques afin de mieux les appréhender dans toutes nos politiques décisionnelles sur le développement de l'économie numérique.

Je reste convaincu que les débats et échanges que nous aurons, conduiront à l'adoption des résolutions et recommandations pertinentes pour impulser le développement du Numérique au Congo. Pour terminer, je tiens à remercier et féliciter toutes les organisations qui ont bien voulu nous accompagner dans ce merveilleux challenge, en acceptant d'être nos partenaires.

Je vous remercie.

Vision panoramique sur la dématérialisation et la gouvernance électronique

Intervenants :

- Professeur ABDOULLAH CISSÉ, avocat au barreau de Dakar, légiste et expert en droit des nouvelles technologies (SÉNÉGAL) ;
- Docteur Jérôme DOSSOGNE, expert en cybersécurité, Université libre de Bruxelles, enseignant à HE2B-ESI, Torchlight (Belgique) ;
- Madame Solange GHERNAOUTI, professeure à l'École des HEC de l'Université de Lausanne, directrice de recherche en cybersécurité et sciences de la complexité (SUISSE) ;
- Monsieur Omar TANTAOUI EL ARAKI, directeur associé d'ATEXO, ingénieur informaticien, spécialiste en sécurité informatique (MAROC).

1/ DÉMATÉRIALISATION ET GOUVERNANCE ÉLECTRONIQUE VISION PANORAMIQUE : CAS DU MAROC

Omar TANTAOUI EL ARAKI[1]

1. La dématérialisation, une tendance mondiale

- Le très fort développement d'Internet fait apparaître de nouveaux besoins pour dématérialiser des opérations gérées traditionnellement sur support physique.
  - Les institutions publiques et privées ont rapidement exploité les fonctions de communication des réseaux pour les sites web institutionnels et la messagerie.
  - Les fonctions transactionnelles se développent progressivement, initialement dans des cadres isolés : interactions simples, applications web spécifiques sans lien avec les systèmes d'information internes, etc.
- Quelques bénéfices de la dématérialisation des procédures :
  - Les gains en temps de traitement ;
  - La simplification des démarches ;
  - La réduction des déplacements ;
  - La réduction de l'empreinte carbone.

[1] +212 6 61 25 80 00 / omar.tantaoui@atexo.com

2. Éléments clés d'un système dématérialisé

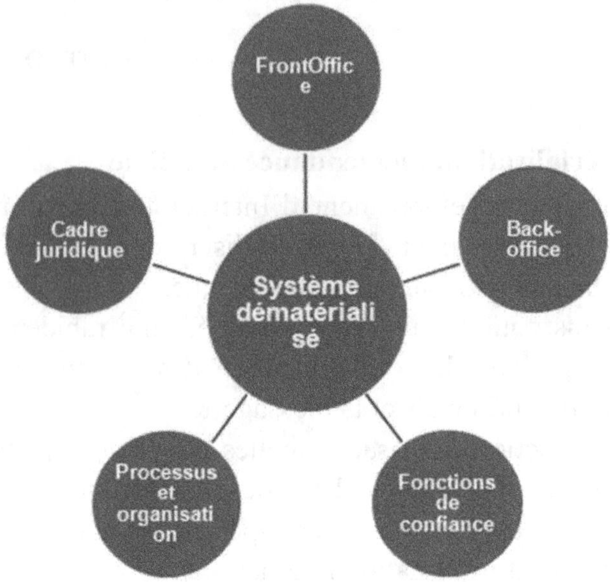

3. Description des éléments clés d'un système dématérialisé

- Le front-office ; met en œuvre le processus de dépôt de la demande :
  - Formulaires de saisie de la demande + Pièces justificatives
- Le back-office ; met en œuvre le processus de réception des demandes
  - Permet éventuellement de traiter la demande, selon le niveau d'intégration avec le front-office
- Les fonctions de confiance
  - Authentification des parties (identités, rôles, habilitations)
  - Authenticité des pièces justificatives
  - Preuves électroniques
- Les processus et l'organisation
  - Politique de déploiement et nouvelle organisation à mettre en place
  - Accompagnement du changement interne et externe
- Cadre réglementaire
  - Textes généraux
  - Textes réglementaires spécifiques

4. Exemples de services eGov au Maroc

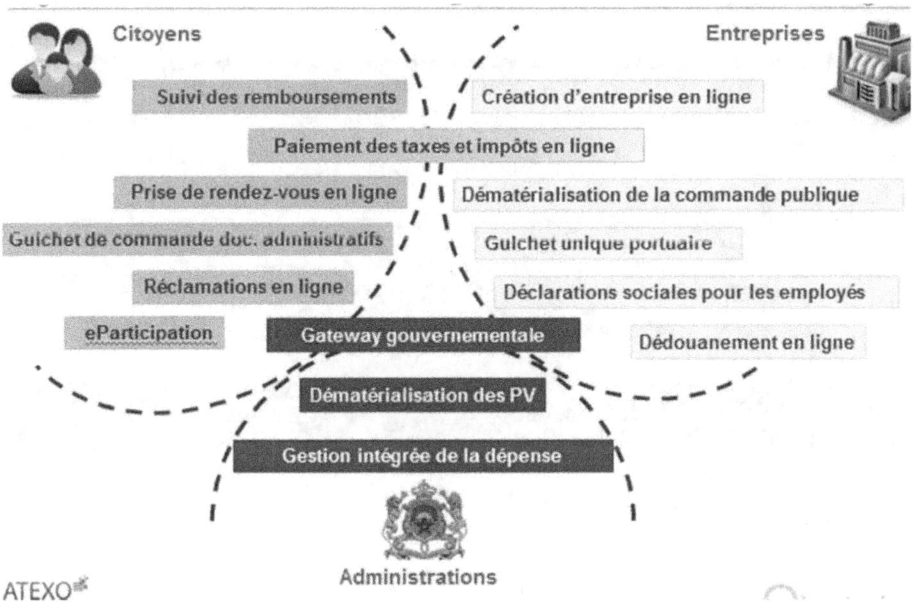

5. Guichet de commande de documents administratifs (www.watiqa.ma)

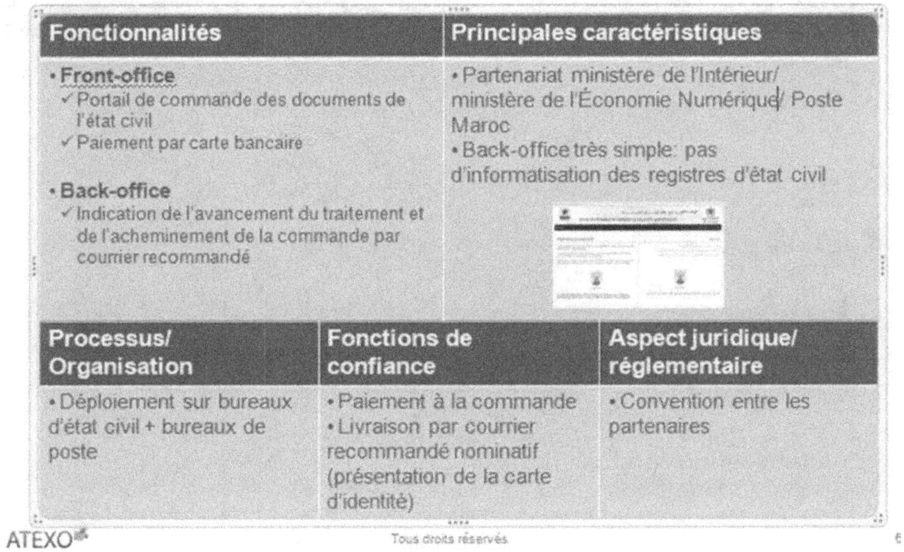

6. Prise de rendez-vous en ligne dans les hôpitaux (www.mawiidi.ma)

Fonctionnalités	Principales caractéristiques
• **Front-office** ✓ Prendre ou annuler un RDV • **Back-office** ✓ Paramétrer les agendas des médecins ✓ Prendre ou annuler un RDV pour le compte d'un citoyen ✓ Tableaux de bord (notamment délais d'attente)	• Testé d'abord avec une Solution SaaS : 1er déploiement très rapide • Généralisé ensuite avec une solution développée en propre 

Processus/ Organisation	Fonctions de confiance	Aspect juridique/ réglementaire
• Recrutement d'un chargé de la prise de RDV dans chaque hôpital • Déploiement pour gérer le multi-canal : internet + téléphone + présentiel	• Vérification de l'identité du patient au moment de la consultation	• N/A

7. Réclamations en ligne (www.chikaya.ma)

Fonctionnalités	Principales caractéristiques
• **Front-office** ✓ Déposer une réclamation ✓ Suivre sa réclamation ✓ Portail web, application mobile et centre d'appel • **Back-office** ✓ Processus de traitement des réclamations ✓ Demande de compléments aux requérants ✓ Tableaux de bord (notamment délais de traitement, géo-localisation, thématiques des réclamations)	• One-Stop-Shop permettant de communiquer avec plus de 70 administrations • Le projet a démarré avec une solution mono-administration puis la création d'un portail fédérateur 

Processus/ Organisation	Fonctions de confiance	Aspect juridique/ réglementaire
• Désignation d'une personne/structure en charge des réclamations dans chaque administration	• Au cas par cas, selon le contenu de la réclamation	• Décret sur les réclamations

8. Dématérialisation des marchés publics (www.marchespublics.gov.ma)

Fonctionnalités	Principales caractéristiques
• **Front-office** ✓ Téléchargement des appels d'offres ✓ Demande d'éclaircissements ✓ Réponse en ligne • **Back-office** ✓ Publication des appels d'offres ✓ Suivi des appels d'offres ✓ Dépouillement des offres électroniques ✓ Enchères électroniques ✓ Achats groupés	• Solution en cloud privé de l'Administration: mutualisation pour les acheteurs de l'État et des collectivités • Déploiement en paliers progressifs 

Processus/ Organisation	Fonctions de confiance	Aspect juridique/ réglementaire
• Processus d'adhésion des fournisseurs • Formation des acheteurs (> 3000 entités publiques) • Formation des Commissions d'appel d'offres	• Signature électronique • Chiffrement • Horodatage	• Loi sur les échanges électroniques • Décret relatif au marchés publics + arrêtés du chef de gouvernement

9. Gateway gouvernementale (www.gisr.gov.ma)

Fonctionnalités	Principales caractéristiques
• Front-office ✓ Compte usager unique ✓ Dépôt et suivi des demandes ✓ Paiement en ligne ✓ Coffre-fort électronique • Back-office ✓ Générateur de télé-services ✓ Échanges intra-administrations	• Solution en cloud privé • Fabrique de services: déploiement de nouveaux télé-services à souhait • Permet d'éviter au citoyen de faire le «facteur» entre les administrations 

Processus/ Organisation	Fonctions de confiance	Aspect juridique/ réglementaire
• Implication d'administrations pilotes lors de la phase d'étude	• Signature électronique • Chiffrement • Horodatage	• Loi sur les échanges électroniques • Textes réglementaires spécifiques • Révision nécessaire des procédures administratives

10. Plateforme de la participation citoyenne (www.eparticipation.ma)

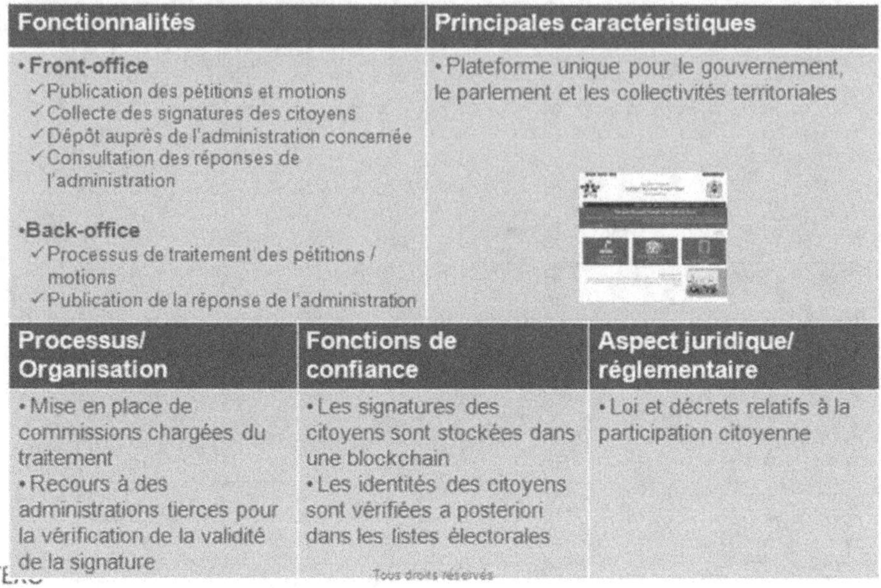

11. Enseignements et recommandations

- Généraliser l'équipement et la connectivité des administrations de proximité (centres de soins, communes, écoles, tribunaux…)
  - Facilite le déploiement de projets applicatifs conçus en central
  - Permet l'émergence de « petits » acteurs dans l'économie numérique : applications « locales », maintenance, formations, etc.
- Ne pas conditionner la dématérialisation des procédures par l'informatisation du back-office
  - L'exemple de watiqa peut être démultiplié : casier judiciaire, vignette automobile, cadastre, attestations, registre de commerce etc.
  - Parfois, utiliser la messagerie électronique pour communiquer avec le citoyen suffit
- Dépasser les phases d'expérimentation et s'engager sur des plans de généralisation
  - L'Administration doit se donner des contraintes de calendrier

- Privilégier la mutualisation
– Solutions SaaS ou en Cloud privé
– Permet la réduction du coût et du délai
– Autorise l'atteinte d'un niveau de service difficile à atteindre « seul »
- Penser expérience usager plutôt que dématérialiser les services tels qu'ils existent
  Mettre en place des services transversaux plutôt que des télé-services en silo
- Adopter un identifiant unique du citoyen
– Permet la suppression de procédures inutiles, via l'échange de bases de données
- Communiquer à grande échelle sur les services
– Encourager les expériences réussies
– Démystifier l'e-Administration
– Créer de l'émulation positive

SESSION 1

COMMENT PROTÉGER LES FONDAMENTAUX BINAIRES ET PLA (BASES DE DONNÉES) EN MATIÈRE DE DÉMATÉRIALISATION ?

Panélistes :

- Docteur Mouhamadou LO, expert en droit des TIC et ancien président de la CDP (SÉNÉGAL) ;
- Monsieur Omar TANTAOUI EL ARAKI, directeur associé d'ATEXO (MAROC) ;
- Docteur Kodjo NDUKUMA ADJAYI, expert en droit numérique (RDC) ;
- Monsieur Guy Roland NTSIMBA, directeur général du développement de l'économie numérique (CONGO).

1/ COMMENT PROTÉGER LES FONDAMENTAUX BINAIRES ET PLA (BASE DE DONNÉES) EN MATIÈRE DE DÉMATÉRIALISATION ?

Me Kodjo Ndukuma[1]

Sommaire

1. Le Numérique, pavé binaire

- Informatique : technique de traitement automatisé et dématérialisé des informations
- Numérique : représentation discrète de données ou de grandeurs au moyen de nombres [une suite de 0 et de 1], et par extension au traitement, à la communication et au stockage de ces données, ainsi qu'aux dispositifs matériels et logiciels qui réalisent ces fonctions
- Numérisation : opération de décodage d'un signal analogique par un nombre dont les valeurs correspondent aux valeurs que peut prendre ce signal[2].

---

[1] Docteur en droit (de l'économie numérique) de l'Université Paris 1 Panthéon Sorbonne. Professeur de Droit du e-commerce Master OHADA/ Univ. Protestante au Congo. kndukuma@hotmail.fr

[2] J. Gualino, *Informatique, Internet et nouvelles technologies de l'information*, Gualino éditeur, Paris, 2005, p. 342.

2. Dématérialisation & fondamentaux

Archétypes des fondamentaux binaires :

- Numérique comme technique de mise en donnée du monde (son, texte, image, big data)
- Internet comme autoroutes de l'information : le plus grand système d'information, réseau transfrontière à l'échelle planétaire
- Système de noms de domaines (DNS) au cœur de l'écosystème numérique
- Algorithmes : moteurs de recherche & donnée

3. Donnée, nouvel eldorado du Net

- Information, message communicable
- Pavé de l'économie numérique
- Profilage et personnalisation dans le commerce électronique
- Traces technologiques dans le renseignement et la criminalistique informatique
- Base de données stratégiques : Guichet unique des douanes, navigation aérienne, système de paiement, identité nationale (biométrie), etc.

4. Enjeux de protection de la valeur du clic

- La révolution numérique est faite d'« activités spatialement incoercibles » sur lesquelles le pouvoir de contrôle varie en fonction de chaque État.
- Espace numérique américano-centré : le contrôle par l'ICANN du « serveur racine », centre nerveux du Net, point en lequel s'opère la conjonction du système d'adressage et du système de nommage, tout ordi configuré pour remonter la chaîne des serveurs (programme Bind).
- Espace virtuel ? Finalité. Prétexte d'impossibilité de se représenter des flux fragmentés des données circulant à une allure fulgurante entre une myriade d'ordinateurs et ayant des effets cinétiques réels

- Espace organisé ! Réalité. Système d'ordinateurs fédérés, interconnectés et a priori décentralisés, mais interopérables grâce à l'uniformisation de la norme de communication par le protocole TCP/IP
- Espace anarchique ? Relativité. L'autorité de la norme juridique et le pouvoir étatique ne s'exercent effectivement qu'à l'égard de ce qui se laisse saisir, à un moment ou un autre, en un point ou un autre, selon les atouts de chaque État.
- Contenant et contenu numériques
  - Axe : Gouvernance électronique
  - Axe : Économie numérique
  - Axe : Souveraineté numérique
- Dispositifs techniques de protection*
- Dispositif juridique de protection
- Dispositif institutionnel de protection
- Dispositif souverainiste de protection

5. Schéma de protection des données

Schéma de protection des données personnelles [1]

- La personne physique pour ses données a :
- droit à l'information,
- droit d'accès,
- droit d'opposition,
- droit de rectification et
- droit de suppression par rapport à la collecte, au traitement et à la circulation des données personnelles (oubli numérique, déréférencement, mort numérique).

Schéma de protection des données ultrasensibles [2]

Interdiction de règle pour traitement, sauf cas encadrés de collecte et de traitement (RGPD, art. 9, dir., 95/46, abrogée)

- Données de santé (SNDS 2016, DMP, DP)
- Données biométriques et génétiques
- Données révélant l'origine raciale ou ethnique, les opinions politiques, les convictions religieuses ou philosophiques, l'appartenance syndicale, la vie sexuelle

Autres données classifiées d'État, de police, d'enquêtes judiciaires, de fichiers de véhicules… (Labellisation)

6. Dispositif juridique de protection des SI

- Fondamentalisation du droit de la protection des données perso au-delà du droit extrapatrimonial, grâce à l'autodétermination informationnelle
- Pénalisation des atteintes aux SI contre :
  - l'accès illégal aux systèmes d'information
  - l'interception illégale des données informatiques
  - le traitement et la circulation illicites des données
- Droit des logiciels libres et des logiciels privatifs
- Authenticité, intégrité, certification des SI
- Institutionnalisation d'un service public de la donnée dans un contexte d'économie du savoir et de marchandisation des données
- Objet : protéger les fabricants des bases de données contre l'appropriation des résultats obtenus de l'investissement financier et professionnel consenti par celui qui a recherché et rassemblé le contenu (directive 96/9, considérant n° 39)
- Au bénéfice du producteur : « personne qui prend l'initiative et le risque des investissements correspondants » (articles L. 341-1, CPI français)
- Œuvre de l'esprit protégée par le droit d'auteur au même titre que le travail d'architecture, de charte graphique et de conception (Directive européenne 96/9 sur la protection légale des données)
- Discussion sur les droits de propriété intellectuelle détenue par les personnes publiques sur les informations publiques, sans appliquer le code de propriété intellectuelle (Cons. d'État Fr, 8/02/2017)
- Conditions d'originalité : effort de recherche, de sélection, de synthèse dans l'agencement des données
- Condition d'investissement substantiel financier, matériel ou humain, dans l'obtention, la vérification et la présentation du contenu

- Droit d'interdiction d'extraction et de réutilisation et réparation civile en cas d'atteinte aux droits d'auteur
- 3 ans de prison pour violation et amende de 300 000 € ou quintuple pour les PM (art. L. 343-1, CPI. Art. 131-38, C. pén.)
- Extraction
  - « le transfert permanent ou temporaire de la totalité ou d'une partie substantielle du contenu d'une base de données sur un autre support par quelque moyen ou sous quelque forme que ce soit » (art.7, directive 96/9)
  - copiage « physique » ou simple reprise par consultation après appréciation individuelle
- Interdiction
  - précision des limites d'utilisation de sa base de données
  - mention par le producteur des limites d'utilisation dans les différents contrats et sur chacun des supports de diffusion
- Durée de protection : 15 ans, à compter du 1er janvier de l'année suivante :
  - la date d'achèvement de la base de données
  - sa mise à la disposition du public
  - la modification substantielle (reconduction de durée)

Exceptions au principe de protection

- Pour faciliter l'accès aux personnes handicapées
- Pour des illustrations dans le cadre de la recherche et de l'enseignement (DADVSI, CPI L. 342-3, 3°, 4°)

Autres tempéraments de la protection

- Œuvres libres & licences ouvertes
- Données ouvertes (open data)
- Collaboration créative & Licence Creative Commons

7. Dispositif institutionnel de protection des SI

- Gestion privée de l'ordre public numérique
- Régulation technique, juridique et économique
- Régulation des données personnelles
- Autorégulation du marché et veille technologique

- Contrôle étatique de l'architecture de réseau
- Homologation des équipements, contrôle de la cryptologie et de la signature électronique
- Politique des espaces et des usages informatiques

8. Dispositifs souverainistes de protection des SI

- Balkanisation de son réseau (déconnexion ou refus d'interopérabilité avec systèmes extérieurs)
- Lutte informatique défensive/offensive et résilience informatique
- Stratégies nationales vis-à-vis des GAFA
- Politique de Sécurité du système d'information (Modèle français et prospective Congo-Brazzaville)

9. Politique de la sécurité des SI – RF

10. Prospective des acteurs de la SSI – RC

- Commission nationale de cybersécurité (et de cryptologie)
- Commission pour la protection des données à caractère personnel (CPDCP)

- Agence de régulation des postes et communications électroniques (ARPCE)
- Centre d'informatique et de recherche de l'armée et de la sécurité (CIRAS)
- Congo Télécom (Opérateur historique)
- CERT spécifique : GUOT, M-banking, GSM, etc.

Abréviations
RC : République du Congo / Brazza
RF : République française
SI : Système d'information
SSI : Sécurité des systèmes d'information

SESSION 2

LE DROIT DE L'INFORMATIQUE ET DE L'INTERNET TEXTES ET USAGES

Panélistes :

- Professeur ABDOULLAH CISSÉ, avocat au barreau de Dakar, légiste et expert en droit des nouvelles technologies (SÉNÉGAL) ;
- Docteur Kodjo NDUKUMA ADJAYI, expert en droit numérique (RDC) ;
- Docteur Antonin Idriss BOSSOTO, expert en technologies de l'information et de la communication (CONGO) ;
- Docteur Mouhamadou LO, expert en droit des TIC et ancien président de la CDP (SÉNÉGAL).

1/ LE DROIT DE L'INFORMATIQUE ET DE L'INTERNET TEXTES ET USAGES

Me Kodjo Ndukuma[1]

Sommaire

1. Du droit des télécoms au numérique
2. Objet d'un Cyberdroit
3. Expériences de législation comparée : Europe, France et Afrique post-OMC
4. Afrique et principes de l'OMC
5. Afrique et transformations numériques
6. Hétérogénéité des systèmes juridiques africains
7. Nouveaux enjeux de l'Internet
8. Réformes législatives des TIC en RC/Brazza

1. Du droit des télécoms au numérique

- Passage d'une législation sectorielle portant sur les télécoms de base à la nécessité d'appréhender un objet technique de plus en plus étendu en fonction des services de la société de l'information.
- Avec l'Internet, la convergence des Télécoms, de l'Informatique et de l'Audiovisuel a engagé un glissement des paradigmes du droit.

2. Objet d'un Cyberdroit

- Responsabilité des acteurs de l'Internet (FAI, opérateurs, hébergeurs, éditeurs de contenus)
- Commerce électronique
- Droit d'auteur, base de données, open data
- Droit des logiciels libres et privatifs
- Donnée à caractère personnel

---

[1] Docteur en droit (de l'économie numérique) de l'Université Paris 1 Panthéon-Sorbonne. Professeur de droit du e-commerce Master OHADA/ Univ. protestante au Congo. kndukuma@hotmail.fr

- Preuve, signature et archivage dématérialisés
- Lutte contre la cybercriminalité, le cyberespionnage et le cyberterrorisme
- Régulations et inter-régulations

3. Expériences de législation comparée : Europe, France et Afrique post-OMC

Expériences comparées de législation (Europe)

- Le cadre du droit de l'Internet est structuré autour d'une directive-cadre et des directives sectorielles.
- L'Europe a construit progressivement un millefeuille législatif dans l'objectif politique de construction de son marché intérieur, en supprimant les disparités des cadres juridiques entre les États membres et en repoussant les barrières de législation.
- Les aspects consuméristes se sont joints au premier objectif pour créer la confiance dont le manque limitait le e-commerce aux commerces de proximité.
- Les textes législatifs ont été les instruments de politiques publiques sur les télécoms puis sur les communications électroniques.
- Politique de dérégulation à la suite de AT&T : « Europe des télécoms » (1984), Rapports et Livres verts.
- Mesures juridiques de libéralisation : démonopolisation progressive des télécoms de base
  - Marché des équipements (1988) ;
  - Marché des services (1990) ;
  - Marché des infrastructures (1996).

1res mesures d'harmonisation

- Directives ONP (1990) ;
- Directives sur la convergence ;
- Directives sur la vie privée et la protection des données (1996) ;
- Directive commerce électronique (2000) ;
- Directives Paquet télécom (2002) ;
- Diverses directives consuméristes et de loyales concurrences.

2es mesures d'harmonisation et de révision périodique du cadre réglementaire

- Directives Paquet télécom (2009-2012) ;
- Révisions pour un « Code des communications électroniques », une « Société du gigabit », un « marché unique numérique » ;
- Règlement général sur la protection des données personnelles dit « RGPD » (2016).

Expériences comparées de législation (France)

- En 1982, la France avait séparé le secteur de l'audiovisuel de celui des PTT.
- Ensuite, les réformes des lois ont été axées sur le double volet de transformation de l'administration (opérateur historique) et du cadre sectoriel.
- Enfin, la politique de dérégulation réalisée, la France a complété son cadre réglementaire en fonction des enjeux du numérique, lui servant de facteurs et d'objectifs de législation.
- 1res lois dérégulatrices de 1982 et de 1986
  - Loi sur la communication (Mexandeau) ;
  - Loi sur la communication audiovisuelle (Léotard).
- Atteinte au monopole de la DGT par acte réglementaire de Gérard Longuet pour SFR
- Lois de transposition de 1990 : marché dual
- Loi de réglementation des télécoms : concurrence limitée, régulation du marché et des ressources rares
- Loi d'organisation du service public des postes et des télécommunications
- Lois de transposition de 1996
  - Loi de réglementation des télécoms sous forme de marché ouvert ;
  - Loi relative à l'entreprise nationale France Télécom, comme opérateur de service universel.
- Loi de 2003 transformant France Télécom en société anonyme afin d'approfondir la libéralisation pour une concurrence à égalité du marché

- Complément de la mosaïque des lois en fonction des enjeux de la révolution numérique

- Loi n° 2004-575 du 21 juin 2004 pour la confiance en l'économie numérique [LCEN]
- Loi n° 2004-669 du 9 juillet 2004 relative aux communications électroniques et aux services de communications audiovisuelles [LCE]
- Loi n° 2004-801 du 6 août 2004 relative à la protection des personnes physiques à l'égard des traitements de données à caractère personnel et modifiant la loi n° 78-17 du 6 janvier 1978 relative à l'informatique, aux fichiers et aux libertés
- Loi DAVSI et HADOPI
- Loi n° 2008-776 du 4 août 2008 de modernisation de l'économie
- Loi n° 2008-3 du 3 janvier 2008 pour le développement de la concurrence au service des consommateurs
- Ordonnance n° 2011-1012 du 24 août 2011 relative aux communications électroniques
- Loi n° 2009-1572 du 17 décembre 2009 relative à la lutte contre la fracture numérique
- Loi n° 2014-344 du 17 mars 2014 relative à la consommation (« loi Hamon »)
- Loi n° 2016-1321 du 7 octobre 2016 pour une République numérique [« loi Axelle Lemaire »]

4. Afrique et principes de l'OMC

Accord AGCS/ OMC de 1994 et 1997 :

- Interdiction du monopole de contrôle des infrastructures des réseaux
- Interconnexion du marché à tout point du réseau
- Attribution des ressources rares (fréquences, numérotation) par des procédures objectives, transparentes et non discriminatoires
- Élimination des pratiques anticoncurrentielles : subventions croisées, ententes entre opérateurs, rétention d'informations techniques
- Contrôle des politiques de tarification pour éviter la distorsion de la concurrence

- Obligation de service universel des télécoms
- Hétérogénéité des systèmes juridiques africains [http://zoom-eco.net/a-la-une/lheterogeneite-des-systemes-juridiques-de-lafrique-face-aux-enjeux-mondiaux-des-telecoms/]

5. **Afrique et transformations numériques**

- Le paradigme des législations sectorielles face à (aux) :
- La convergence des médias et des industries
- L'expansion et popularisation du cyberespace
- L'usage polymorphe de l'Internet
- La révolution connectée et/ou « Robolution »
  - 2G/3G/4G/5G
  - Objets connectés et technologies embarquées
  - Ubérisation de l'économie
  - Algorithmes prédictifs
- Méga-calculateurs, infomédiaires et méga-données

En 2017 : 4,05 milliards d'internautes dans le monde *vs* 3,7 en 2016 (Source : World Stats).

En 2015, le Forum économique Forbes Afrique (Brazzaville) renseignait :

- 700 millions d'abonnés téléphoniques sur le continent, soit plus que les États-Unis et l'Europe en nombre respectif d'habitants ;
- 10 % d'internautes africains dans le monde, faible niveau d'accès à Internet ;
- 4 % du PIB était le niveau des revenus issus d'Internet sur le marché africain ;
- dépassement du seuil en 2013 de 18 milliards $ de revenus d'Internet ;
- dépassement du seuil de 1 milliard d'abonnés de téléphonie mobile à l'horizon 2025 ;
- dépassement de la contribution de 300 milliards de $ d'Internet au PIB africain à l'horizon 2025.

6. Hétérogénéité des systèmes juridiques africains

7. Nouveaux enjeux de l'Internet

Nécessité d'encadrement juridique des « dividendes du numérique » dans la société de l'information

- Convergence et neutralité technologique
- Consumérisme et confiance
- E-commerce et économie numérique 3.0
- Normes polycentriques, usages applicatifs (crypto-monnaies) et souveraineté numérique
- Inter-régulation des secteurs jadis cloisonnés (régulation sectorielle, convergente, transversale, réflexive)
- Effectivité des GAFA/GAFTAM, Ubérisation et I.A.

8. Réformes législatives des TIC en RC/Brazza

À l'issue des phases de cadrage et de validation de 2013, le périmètre des réformes légistiques tourne autour de la :

- –loi d'orientation ;
- –loi sur la protection des données à caractère personnel ;
- –loi sur les transactions électroniques ;
- –loi sur le droit d'auteur et les droits voisins à l'ère du numérique ;
- –loi sur la cybersécurité et
- –loi sur la cybercriminalité.

Perspectives

- **« Penser global et agir local »**
- **« Penser le changement et changer le pansement »**
- **« Loi n'est pas tout le droit »**

SESSION 3

LA SÉCURITÉ INFORMATIQUE, LES RÉPONSES TECHNIQUES, JURIDIQUES ET ORGANISATIONNELLES

Panélistes :

- Professeur ABDOULLAH CISSÉ, avocat au barreau de Dakar, légiste et expert en droit des nouvelles technologies (SÉNÉGAL) ;
- Monsieur Omar TANTAOUI EL ARAKI, directeur Associé d'ATEXO (MAROC) ;
- Monsieur Alain NDALLA, directeur général de bureau Flex (CONGO) ;
- Monsieur Issa ATTIE, directeur général BUROTOP IRIS GROUP (CONGO).

1/ LA SÉCURITÉ INFORMATIQUE, LES RÉPONSES TECHNIQUES, JURIDIQUES ET ORGANISATIONNELLES : CAS D'EXEMPLES DE NOTRE PORTAIL CLOUD SAAS WWW.BUREAUFLEX.NET ET DU PROJET NUMÉRISATION AU MINISTÈRE DE L'ENSEIGNEMENT TECHNIQUE ET PROFESSIONNEL, DE LA FORMATION QUALIFIANTE ET DE L'EMPLOI (METPFQE)

Alain Didier NDALLA[1]

La sécurité informatique

La Sécurité des systèmes d'information (SSI) ou plus simplement sécurité informatique, est l'ensemble des moyens techniques, organisationnels, juridiques et humains nécessaires à la mise en place de moyens visant à empêcher l'utilisation non autorisée, le mauvais usage, la modification ou le détournement du système d'information. (Source Wikipédia)

Quelles réponses techniques ?

Le terme « Cloud » désigne aujourd'hui de manière générale un nouveau modèle à la fois de distribution et de consommation de l'informatique qui consiste à mettre à disposition via les réseaux de communication et à la demande (= « as a service »), un ensemble de « ressources » (puissance de calcul, stockage de données, applications, etc.) et de « services » (gestion, administration, etc.).

Un Datacenter est une infrastructure immobilière et technique permettant d'héberger des équipements informatiques (principalement des serveurs), et disposant de moyens propres à une exploitation performante (électricité, climatisation, accès haut débit) et sécurisée. Il est constitué d'un espace protégé, disposant d'une architecture généralement redondante (alimentation électrique, accès haut débit), ainsi que d'un système de refroidissement.

---

[1] Directeur général de MEGATEL Systèmes. Coordonnateur du projet numérisation au METPFQE.

- Maquettage et algorithmes ;
- Spécifications des capacités et des permissions des utilisateurs (profils) ;
- Tests initiaux ;
- Développement de la conversion des données sur le système d'information ;
- Assurance de la qualité après la mise en œuvre ;
- Formations des utilisateurs.

Quelles réponses juridiques?

La transposition des textes sous régionaux, régionaux et internationaux sur la protection des données au niveau national.

La législation pour prendre en considération la situation des données hébergées dans le Cloud Computing.

Quelles réponses organisationnelles pour le projet numérisation du METPFQE ?

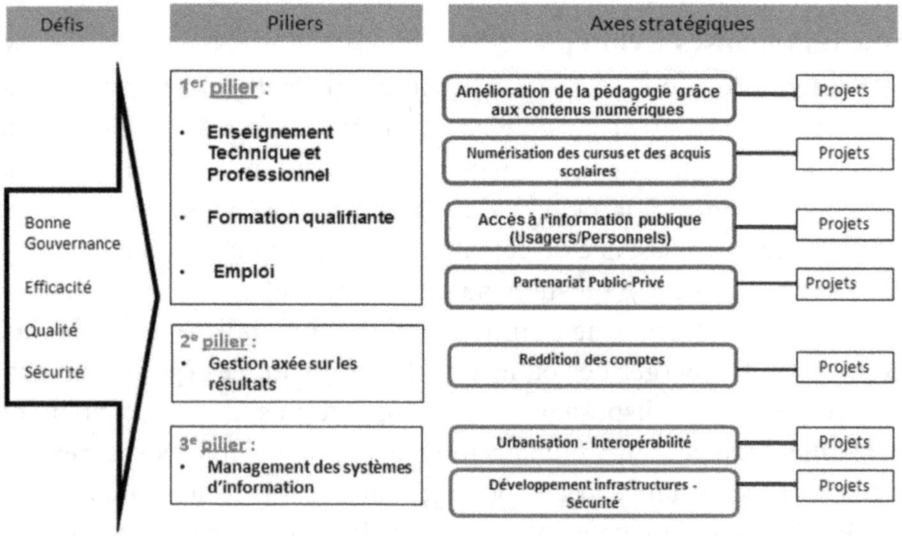

ÉTAPE N° 1 : Coordination

Processus :

N° 1 : Installation effective de la coordination du projet de numérisation ;

N° 2 : Communication et sensibilisation des décideurs du ministère et du gouvernement.

ÉTAPE N° 2 : Cadre méthodologique, juridique et réglementaire

Processus :

N° 3 : Élaboration et adoption du schéma directeur du projet de numérisation ;

N° 4 : Élaboration et validation d'un cadre légal et réglementaire ;

N° 5 : Appropriation de la méthodologie pour définir des procédures plus simples ;

N° 6 : Création des procédures dématérialisées ;

N° 7 : Introduction de la traçabilité dans les procédures et les échanges internes ;

N° 8 : Inventaire des documents administratifs pour l'archivage électronique ;

N° 9 : Simplification et lisibilité des documents administratifs par la dématérialisation ;

N° 10 : Conception des formulaires électroniques ;

N° 11 : Adoption du cadre d'interopérabilité dans les services en ligne transactionnels ;

N° 12 : Définition du portail e-gouvernement du ministère ;

N° 13 : Introduction des moyens de paiements électroniques ;

N° 14 : Déploiement du site et accessibilité des usagers aux formulaires électroniques ;

N° 15 : Généralisation du cadre commun d'interopérabilité et de sécurité ;

N° 16 : Renforcement de la source authentique de données ;

N° 17 : Développement de l'assistance des usagers aux services numériques.

ÉTAPE N° 3 : Outils – Infrastructures – Sécurité

Processus :

N° 18 : Création de guides des technologies web ;

N° 19 : Hébergement et outils de création de sites web ;

N° 20 : Introduction de la labélisation des sites web du ministère ;

N° 21 : Validation de l'archivage des sites web officiels ;

N° 22 : Introduction d'un moteur de recherche approprié ;

N° 23 : Introduction des indicateurs comme outil de statistiques pour les données officielles ;

N° 24 : Déploiement de l'infrastructure à clés publiques au sein du ministère ;

N° 25 : Déploiement d'un moteur universel de messagerie ;

N° 26 : Exploitation de l'infrastructure e-gouvernement au sein du ministère.

ÉTAPE N° 4 : Accès à tous les élèves et les citoyens

Processus :

N° 28 : Actions de lutte contre la fracture numérique ;

N° 29 : Diversification des moyens d'accès à l'information des entités du ministère ;

N° 30 : Introduction des approches e-démocratie et cyber-citoyenneté.

ÉTAPE N° 5 : Groupes thématiques et sectoriels

Processus :

N° 31 : Soutien à l'appropriation du numérique par les groupes thématiques sectoriels ;

N° 32 : Développement des applications métiers et génériques ;

N° 33 : Formations progressives des personnels de toutes les entités du ministère ;

N° 34 : Communication et sensibilisation à l'attention des usagers des services publics du ministère. N° 27 : Consolidation de l'Intranet gouvernemental au sein du ministère.

SESSION 4

LES ENJEUX ET DÉFIS DE LA CYBERSÉCURITÉ

Panélistes :

- Docteur Jérôme DOSSOGNE, expert en cybersécurité, Université Libre de Bruxelles, Enseignant à HE2B-ESI, Torchlight (BELGIQUE) ;
- Madame Solange GHERNAOUTI, professeure à l'École des HEC de l'Université de Lausanne, directrice de recherche en cybersécurité et sciences de la complexité (SUISSE)
- Professeur ABDOULLAH CISSÉ, avocat au barreau de Dakar, légiste et expert en droit des nouvelles technologies (SÉNÉGAL) ;
- Monsieur Guillaume AUBERT, directeur DEGETEL Agence digitale et conseil en services numériques (FRANCE).

1/ CYBERSÉCURITÉ, GOUVERNANCE DES CYBERRISQUES

Solange GHERNAOUTI

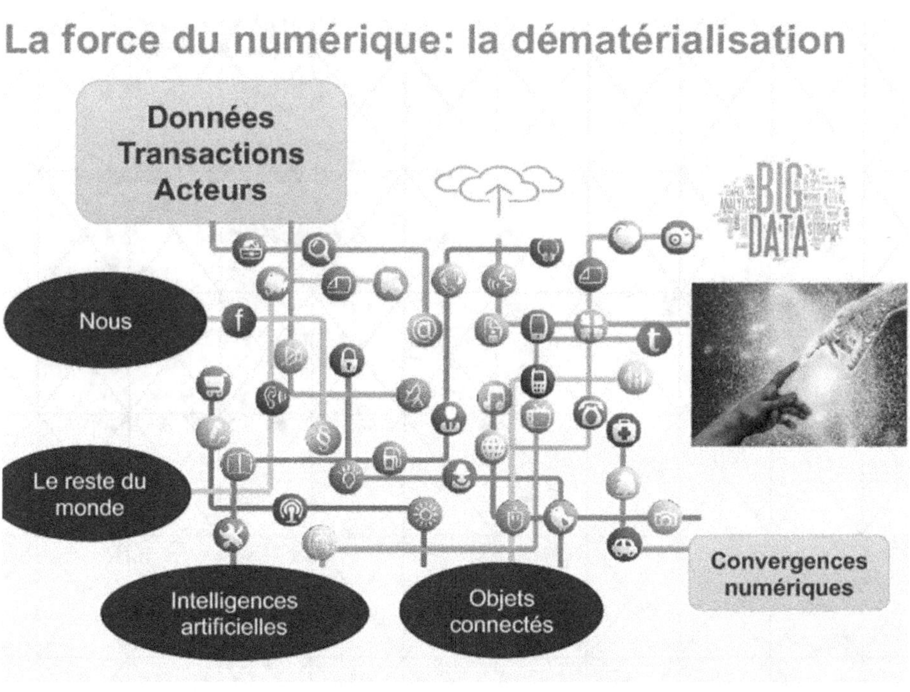

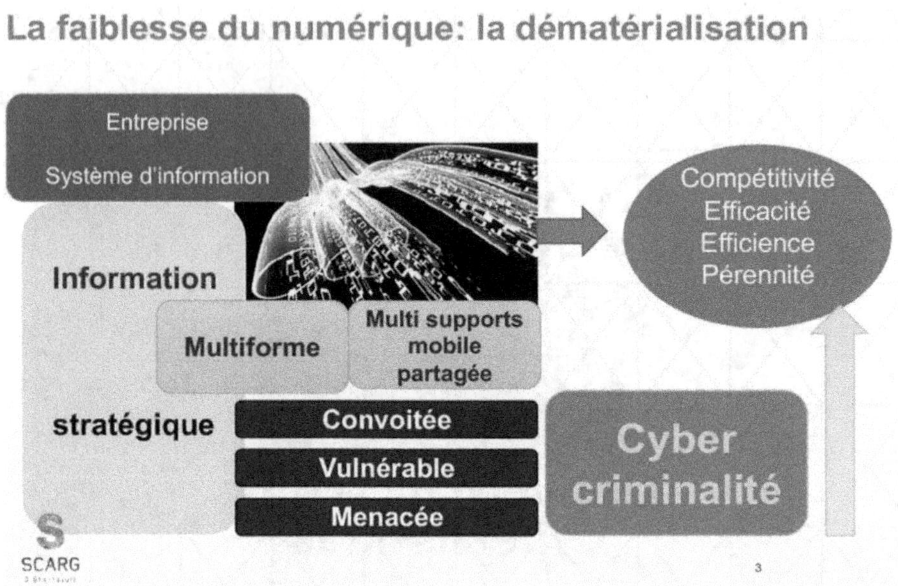
La faiblesse du numérique: la dématérialisation
Entreprise
Système d'information
Information
Multiforme
Multi supports mobile partagée
stratégique
Convoitée
Vulnérable
Menacée
Compétitivité
Efficacité
Efficience
Pérennité
Cyber criminalité
SCARG
3

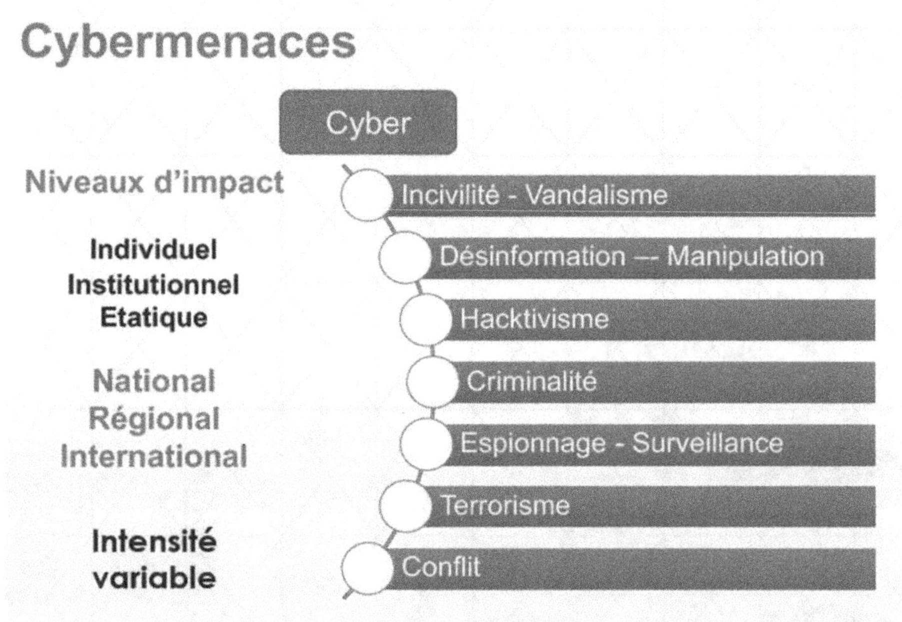
Cybermenaces
Cyber
Niveaux d'impact
Individuel
Institutionnel
Etatique
National
Régional
International
Intensité variable
Incivilité - Vandalisme
Désinformation -- Manipulation
Hacktivisme
Criminalité
Espionnage - Surveillance
Terrorisme
Conflit

C Y B E R
C R I M E
Les infrastructures matérielles et logicielles: des vecteurs de cyberattaques
L'information, le code informatique, l'intelligence artificielle : Vecteurs d'insécurité et de sécurité

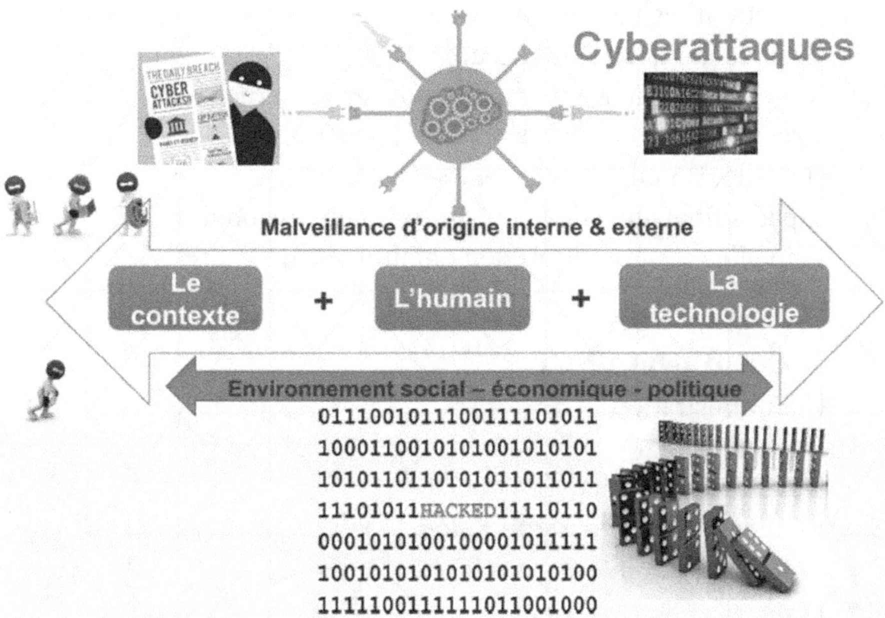
Cyberattaques
THE DAILY BREACH
CYBER ATTACKS!!
Malveillance d'origine interne & externe
Le contexte
+
L'humain
+
La technologie
Environnement social – économique - politique
0111001011100111101011
1000110010101001010101
1010110110101011011011
11101011HACKED11110110
0001010100100001011111
1001010101010101010100
1111100111111011001000

Défis & enjeux pour les individus et la société

- Vers de nouveaux modèles de société et de dépendance
- Modèle de surveillance de masse et de manipulation à grande échelle
- « Voir sans être vu »
- Projet politique, économique, techno-idéologique
- Logique de pouvoir et de puissance sans frontière
- Acceptation passive - Participation active des internautes à cette construction

Défis & enjeux pour les entreprises

La cybersécurité :

Une démarche de protection des valeurs

1. Cyber attaques non détectées
2. Vulnérabilités non identifiées
3. Mesures de sécurité inefficace
4. La cybersécurité n'est pas une priorité (externalisée)
5. Investissements en cybersécurité insuffisants
6. Mobilité, BYOD, Shadow IT sous-estimés
7. Impacts financiers de la cybercriminalité inconnus
8. Nouvelles contraintes règlementaires (RGPD, …)

Défis & enjeux pour l'État

- E-administration
- Education
- Développement économique
- Lutte contre la cybercriminalité
- Protection des intérêts de l'État& Défense
- Droit
- Souveraineté
- Identité numérique
- Infrastructures critiques
- …

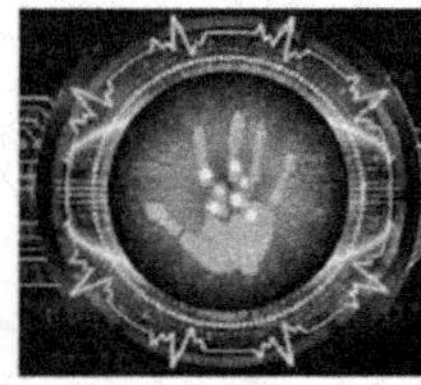

Piliers de la résolution de problèmes

le politique – le management – le juridique
la technologie – les compétences –
les processus – la culture – l'assurance

Cybersécurité et culture de sécurité

- Vouloir se prémunir des cybermenaces
- Former et mettre en place des mesures
- Évaluer – Optimiser
- Réagir aux incidents
- Gestion de crise et de la communication
- Penser la sécurité de manière transversale, globale et intégrée
- Produire de la valeur

Faire de la sécurité c'est aussi …

- Sensibiliser & communiquer
- Partager, échanger & coopérer
- Mettre en place et faire vivre des modèles de collaboration innovants et efficaces (PPP)
- Exploiter les évolutions technologiques et investir dans les outils, processus et compétences
- Allouer des ressources
- Aller jusqu'au renoncement de certaines technologies?

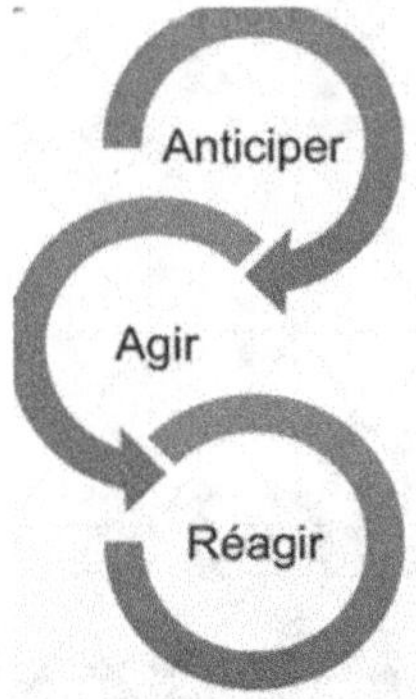

La cybersécurité est un indice d'évaluation et de performance

Maitrise des risques + cybersécurité

=

Transformation numérique réussie

2/ LES ENJEUX ET DÉFIS DE LA CYBERSÉCURITÉ

Guillaume Aubert[1]

La sécurité, une question aussi vieille que l'homme. Comment sécuriser notre environnement numérique ?

Enjeux :

- Défense nationale ;
- Défense des infrastructures ;
- Défense des entreprises ;
- Défense des particuliers ;
- Protection des données et des identités ;
- Sécurité les transactions ;
- Confiance ;
- Développement économique.

Tout devient numérique et tout sera numérique.

Les enjeux et défis de la cybersécurité

Objectifs principaux des hackers :

- Cybercrime (vol d'identité, ransomware, extorsion…)
- Agitation politique / Propagande / Manipulation des foules
- Intelligence économique / Espionnage industriel

Dans plus de 95 % des cas de pénétration du réseau, l'origine de la faille est une erreur humaine.

Moyens de défense :

- Logiciels, Hardware…
- Politique sécurité au niveau national et industriel ;
- Documentation / Clubs (CESIN, CLUSIF…) / Twitter ;
- Assurances en cas d'intrusion ;
- Éducations du personnel et de la population.

[1] Directeur Degetel Belgium.

L'hyper sécurité n'est qu'à la portée d'une infime partie des entreprises et de la population.

Défis :

- La sécurité numérique est l'affaire de tous.
- Éviter d'agir après avoir été victime d'une attaque.
- Très rarement une priorité.
- Le choix actuel des solutions n'est pas toujours simple et représente un gros investissement.
- Pas de solution unique, la sécurité doit être conçue comme un ensemble.
- Perpétuelle mise à jour et donc perpétuel investissement.
- L'arrivée de l'IoT est un réel casse-tête pour la sécurité.
- L'éducation !

Nous ne sommes pas tous égaux face à la sécurité.

SESSION 5

E-COMMERCE :
MOYENS DE PAIEMENT ET RÉGLEMENTATION

Panélistes :

- Monsieur Armel Fridelin MBOULOUKOUE, conseiller aux institutions financières nationales, à la monnaie et à la dette du ministre des Finances et du Budget (CONGO) ;
- Monsieur Benoit JANIN, directeur général d'Airtel (CONGO) ;
- Monsieur Dieudonné NDINGA MOUKALA, directeur général des MUCODEC (CONGO) ;
- Monsieur Calixte Médard TABANGOLI, directeur général de la BANQUE POSTALE (CONGO).

SESSION 6

LA DÉMATÉRIALISATION DES PROCÉDURES ET DES DOCUMENTS POUR QUEL ENJEU ? LA DÉMATÉRIALISATION PEUT-ELLE ÊTRE UN FACTEUR DE SUCCÈS SANS SYSTÈME INFORMATIQUE INTEROPÉRABLE ?

Panélistes :

- Docteur Mouhamadou LO, expert en droit des TIC et ancien président de la CDP (SÉNÉGAL) ;
- Madame Amina Magalie Sébastienne TCHICAYA ABOU, directrice commerciale, d'exploitation et du marketing au GUOT (CONGO) ;
- Monsieur Jalal BENHAYOUN, directeur général du Guichet unique du Maroc « PORTNET » (MAROC) ;
- Monsieur Jean Serge NGOUMA, CEO PI SERVICES, expert en TIC (CONGO).

1/ LES ENJEUX DE LA DÉMATÉRIALISATION

Dr Mouhamadou LO[1]

Contexte : définition concepts

- Cloisonnement : une contrainte matérielle dans le traitement traditionnel de l'information, notamment la disponibilité de l'information.
- Interconnexion : une plus grande transversalité dans le traitement de l'information avec des architectures ouvertes aux nombreux intervenants en amont et en aval.
- Dématérialisation : le remplacement des supports d'informations matériels (papier) par des fichiers informatisés pour gérer de façon totalement électronique des données ou des documents.

Cloisonnement -> interconnexion -> dématérialisation des documents

La dématérialisation porte sur :

- des documents (numérisation) ;
- des échanges ;
- des activités et des processus (GED).

Véritable phénomène de société, la dématérialisation progresse sous toutes ses formes et dans tous les secteurs (urbanisme, Justice, état civil, Fonction publique, etc.).

Enjeux ?

Dématérialisation : une chaîne de valeurs économique, technologique, sécuritaire, et surtout juridique, dont chaque maillon apporte une valeur ajoutée.

[1] mouhamadou.lo@hotmail.com ; mouhamadou.lo@adie.sn
Tél. : 00 (221) 77 567 26 17 ; 00 (221) 33 879 34 66

Enjeux juridiques

- Absence de définition légale
- Reconnaissance implicite : le principe posé par l'article 43 de la loi n° 2008-8 du 25 janvier 2008 sur les transactions électroniques : tous les échanges d'informations, de documents ou des actes administratifs peuvent faire l'objet d'une transmission par voie électronique
- Principes de base à respecter
- Le parallélisme des formes
  Ex. : des mentions obligatoires sur le papier => des mentions obligatoires à l'électronique
  Ex. : Si l'écrit papier comporte une signature manuscrite, l'écrit électronique aura une signature électronique.

Les prérequis juridiques conditionnent toute transition vers le digital.

Consécration législative

- **Le principe de l'égalité de l'écrit électronique et de l'écrit sur support papier en matière de preuve**
- **Principe** : l'article 37 de la loi n° 2008-8 du 25 janvier 2008 sur les transactions électroniques : « L'écrit sous forme électronique est admis en preuve au même titre que l'écrit sur support papier et a la même force probante que celui-ci, sous réserve [...] qu'il soit établi dans des conditions de nature à en garantir l'intégrité ».
- **Exceptions** :
  - les actes sous seing privé relatifs au droit de la famille et des successions ;
  - les actes sous seing privé relatifs à des sûretés personnelles ou réelles, de nature civile ou commerciale, sauf s'ils sont passés par une personne pour les besoins de sa profession.

Quelques reconnaissances formelles :

- Reconnaissance de la dématérialisation des actes administratifs : « L'écrit sous forme électronique est admis pour tous les échanges d'informations, de documents ou d'actes administratifs. »

- Reconnaissance de la dématérialisation du processus des marchés publics : « Les échanges d'informations intervenant en application du code des marchés publics peuvent faire l'objet d'une transmission par voie électronique. »
- Reconnaissance du contrat numérique : « La voie électronique peut être utilisée pour mettre à disposition des conditions contractuelles ou des informations sur des biens ou services. »

Consécration législative

- **La signature et le certificat électroniques**
- **Principe** : l'article 42 de la loi n° 2008-8 du 25 janvier 2008 sur les transactions : « *une signature électronique (SE) créée par un **dispositif sécurisé** que le signataire puisse garder sous son **contrôle exclusif** et qui repose sur un **certificat numérique** est admise comme signature au même titre que la signature autographe.* »
- **Limite** : Nul ne peut être contraint de signer électroniquement.
- **Consécration** : Les actes des autorités administratives peuvent faire l'objet d'une signature électronique.
- **L'archivage électronique**
- **Principe** : l'article 37 de la loi n° 2008-8 du 25 janvier 2008 sur les transactions électroniques : « *L'écrit sous forme électronique est admis en preuve au même titre que l'écrit sur support papier et a la même force probante que celui-ci, sous réserve que puisse être dûment **identifiée** la personne dont il émane et qu'il soit établi et **conservé** dans des conditions de nature à en garantir **l'intégrité*** ».
- **Durée** : 10 ans de conservation

Enjeux économiques

Comment optimiser l'organisation interne ?

- Meilleure gestion de l'information : plus rapide, plus efficace, moins chronophage

- Réduction du coût de traitement des dossiers -> une amélioration de la productivité pour l'entreprise
- Meilleure gestion documentaire notamment leur traçabilité
- Gain financier avec la réduction de papier imprimé et des consommables ainsi que les frais d'envoi postal ou de stockage physique
- Meilleure communication intra et extra, notamment en cas de partage de documents
- Réduction des délais de traitement des dossiers

Enjeux politiques

Comment renforcer la bonne gouvernance ?

- La gestion transparente de la chose publique
- Le respect des textes de loi (réduction de la corruption)
- L'amélioration du cadre de travail
- L'impulsion d'une politique de conduite du changement (la culture du papier)
- La participation au développement durable (réduction des dépenses de la documentation ou l'empreinte carbone par une diminution de l'usage des transports et du papier)

Enjeux sécuritaires

Comment assurer la sécurité et la confidentialité des documents dématérialisés ?

- Garantir :
  - **Disponibilité** : fonctionnement normal des SI sans entrave
  - **Intégrité** : aucune altération fortuite, illicite ou malveillante des données et des supports
  - **Confidentialité** : aucune donnée déformée, endommagée, ou accès non autorisé par des tiers
- Veiller à la pérennité des supports
- Respecter des délais légaux de conservation de documents

Conclusion

- Le document papier est aujourd'hui concurrencé par le document numérique.
- L'abandon du papier au profit du numérique ne s'improvise pas.
- Obligation d'inventorier les nouveaux risques de sécurité (intrusion, falsification, usurpation ou fraude) et de prévoir les mesures adéquates.
- Se baser sur un cadre légal approprié.

2/ La dématérialisation des procédures et des documents pour quel enjeu ? La dématérialisation peut-elle être un facteur de succès sans système informatique interopérable ?

Amina Magalie Sébastienne TCHICAYA ABOU[2]

Sommaire

1. Écosystème de l'organisation (Entreprise ou Administration)
2. Les bénéfices de la dématérialisation
3. Les freins de la dématérialisation
4. S'interroger sur le retour sur investissement
5. Facteur de réussite de dématérialisation (repenser le cadre juridique avec l'introduction de la signature électronique, l'utilisation de cartes à puces et certificats électroniques…)
6. La sécurité des échanges électroniques en réseaux
7. La dématérialisation peut-elle être un facteur de succès sans système informatique interopérable
8. Conclusion

Pourquoi opter pour la dématérialisation de documents ?

L'archivage des documents papier n'est pas toujours une tâche aisée pour les entreprises et les administrations et c'est d'ailleurs pour leur faciliter le traitement, mais aussi le stockage de l'ensemble de leurs documents qu'a été créée la dématérialisation de documents. En plus de faciliter l'accès à la base de données des organisations, la numérisation des documents permet de mieux gérer et surtout, d'éliminer entièrement le papier de tous les processus de traitement de dossiers.

---

[2] Directrice commerciale d'exploitation et du marketing.

1. ÉCOSYSTÈME DE L'ORGANISATION (entreprise ou administration)

L'écosystème est alors défini comme « une communauté économique supportée par l'interaction entre des entreprises/administrations et des individus. Cette communauté va produire des biens et des services en apportant de la valeur aux clients, eux-mêmes au cœur de cet écosystème ».

Un écosystème d'entreprise fait bouger les lignes en interne et crée de l'intelligence collective avec l'environnement externe qui sont les entreprises/administrations. Les frontières s'effacent, améliorant ainsi les relations entre entreprise/administration (B2B), et entre entreprise/administration et les consommateurs de bien et service (B2C).

2. LES BÉNÉFICES DE LA DÉMATÉRIALISATION DANS UNE ORGANISATION (ENTREPRISE/ADMINISTRATION)

- Faciliter le traitement de l'information entre les 4 niveaux en tenant compte de la cartographie d'un système d'information : niveau métier, niveau fonctionnel, niveau applicatif, niveau physique ;
- Simplifier les procédures et faciliter les formalités administratives, commerciales et douanières ;
- Fournir les statistiques en temps réel ;
- Réduire les coûts et délais de transmission de document ;
- Contribuer à l'élimination de la corruption et de la concussion dans les administrations/entreprises ;
- Permettre la sécurisation et la traçabilité des échanges dans l'entreprise/administration ;
- Permettre de gagner en productivité dans une entreprise/administration avec l'utilisation de WORKFLOW ;
- Réduire l'utilisation du papier dans une entreprise/administration ;
- L'entreprise pourra mieux gérer sa trésorerie, améliorer sa capacité d'investissement, améliorer son image, et surtout, gagner en notoriété auprès de ses collaborateurs (banques, fournisseurs, clients, etc.).

3. LES FREINS DE LA DÉMATÉRIALISATION

La dématérialisation des documents représente la première étape de la digitalisation des entreprises, toutes les sociétés n'osent pas encore franchir le pas. En cause, un ensemble de craintes et de réticences qui freinent son développement dans le milieu professionnel :

1) La résistance aux changements. Les coûts financiers de sa mise en œuvre ;
2) Une culture du papier tenace. Des coûts et délais à prendre en compte ;
3) Des freins et impacts organisationnels. La peur de la perte de contrôle ;
4) Le piratage des données en ligne. Une méconnaissance du cadre légal.

4. ENJEUX DE LA DÉMATÉRIALISATION DES PROCÉDURES ET DES DOCUMENTS

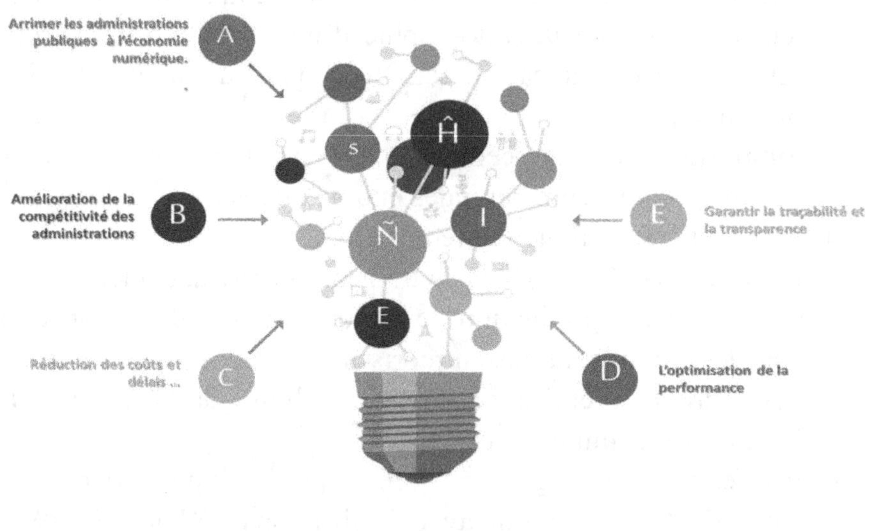

5. S'INTERROGER SUR LE RETOUR SUR INVESTISSEMENT DE LA DÉMATÉRIALISATION

1) Productivité accrue (augmentation du chiffre d'affaires, optimisation des processus métiers, facturation automatisée)
2) Automatisation des rapprochements
3) Diminution des litiges

4) Visibilité et gestion de vie du document
5) Sécurisation et intégrité des données, meilleure qualité, maîtrise du risque
6) Partage d'informations en temps réel
7) Optimisation des relations clients/fournisseurs

6. OUTILLAGE DE LA GOUVERNANCE : LES SOLUTIONS TECHNOLOGIQUES ET LES PROJETS EN COURS

Les solutions disponibles sur le marché technologique ont été développées par des entreprises spécialisées. Elles proposent des solutions de dématérialisation des procédures et documents adaptés aux besoins du consommateur (entreprise/administration, tout en sécurisant les informations échangées).

- Réseau social d'entreprise et portail (RSE)
- Les solutions logicielles de gestion électronique de documents (GED)
- Automatisation des procédures informatiques : Workflow (RPA)
- Système d'archivage électronique et coffre-fort numérique (SAE)
- Gestion électronique du courrier (GEC)
- La gestion de contenu (ECM)
- Ressources humaines (GRH)
- Gestion électronique des documents (GED)

7. LA SÉCURISATION DES ÉCHANGES ÉLECTRONIQUES EN RÉSEAUX

- Il s'agit d'assurer en même temps la sécurité juridique et la sécurité technique des échanges électroniques. Cette sécurisation est nécessaire afin d'établir un climat de confiance auprès des gens d'affaires et des consommateurs. Elle est essentielle au développement rapide et harmonieux des affaires électroniques sur les Inforoutes et à l'utilisation massive de la messagerie électronique dans la société.
- Les besoins de base en matière de sécurisation concernent donc la protection des renseignements confidentiels (personnels ou d'entreprises), la signature électronique des documents, la

certification électronique d'identité des personnes et des dispositifs (ex. : site web), le respect de la propriété intellectuelle et la sécurité des paiements.

- Diverses solutions visent, par exemple, l'enregistrement et le contrôle des accès aux systèmes informatiques, l'établissement de garde-barrière (*firewall*) pour la protection de sites web, le chiffrement de confidentialité des contenus, la signature électronique des documents, l'horodatations (heure) des transactions, la journalisation des accès et des transactions ainsi que la certification électronique d'identité.

8. LA DÉMATÉRIALISATION PEUT-ELLE ÊTRE UN FACTEUR DE SUCCÈS SANS SYSTÈME INFORMATIQUE INTEROPÉRABLE ?

L'interopérabilité « consiste à utiliser conjointement des fonctionnalités d'applications basées sur des technologies différentes ». Plus synthétiquement, il s'agit de faire en sorte que plusieurs systèmes, qu'ils soient identiques ou non, puissent communiquer ensemble. Elle nécessite que les échanges entre systèmes soient plutôt que le langage H régi par des normes techniques (notamment l'usage du langage XML TML) et juridiques.

- C'est pourquoi il serait souhaitable de rendre celles-ci obligatoires dans un même document ;
- Garantir l'interopérabilité des systèmes informatiques des acteurs présents dans son environnement ;
- Sécuriser les échanges numériques.

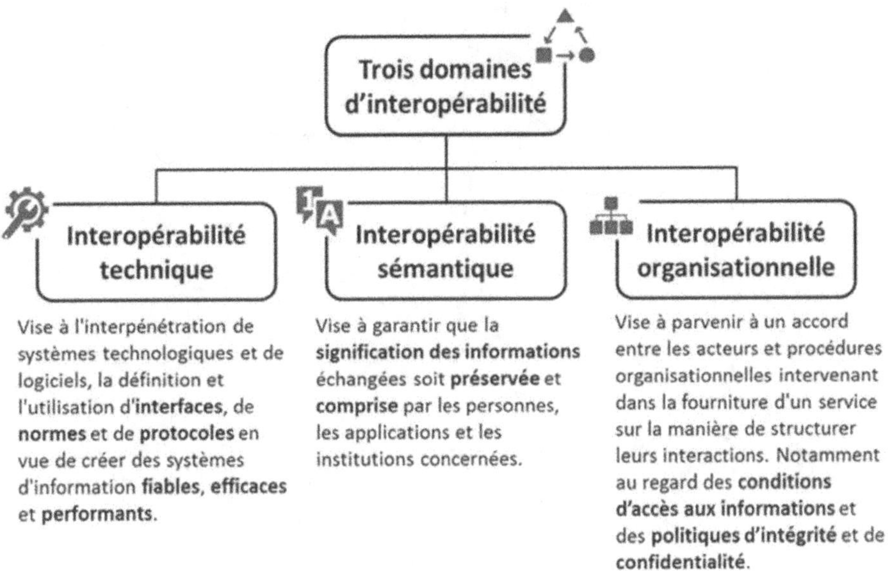

Source : European interoperability framework for pan-European e-government services – European Commission – 2004

Conclusion

La dématérialisation s'avère le passage obligé de la transition digitale des organisations, et reste un enjeu incontournable à relever aujourd'hui.

SESSION 7

QUEL ÉCOSYSTÈME INFRASTRUCTUREL ET QUELLE POLITIQUE DE TARIFICATION POUR FAVORISER L'INCLUSION DE LA DÉMATÉRIALISATION EN AFRIQUE ?

Panélistes :

- Monsieur Jonas BELEHO, enseignant à l'École supérieure d'informatique de Bruxelles (BELGIQUE) et à l'Université de Douala (CAMEROUN) ;
- Monsieur AKOUALA, administrateur général Congo Télécom (CONGO) ;
- Monsieur SANDE NDE, directeur des réseaux et services de communications électroniques (CONGO) ;
- Monsieur Guy Noël LONDONGO, directeur des systèmes d'information au ministère des Finances et du Budget.

1/ QUEL ÉCOSYSTÈME INFRASTRUCTUREL POUR FAVORISER L'INCLUSION DE LA DÉMATÉRIALISATION ?

Jonas BELEHO

Plan

1. Introduction
2. Définition des concepts
3. Fondements de l'informatique dématérialisée
4. Ce qu'il faut réunir pour favoriser l'inclusion de la dématérialisation
5. Étude de cas
6. Conclusion

1. Introduction

- Faut-il dématérialiser ou pas ?
- Pourquoi dématérialiser ?
- Quel environnement technico-économique mettre en place pour favoriser la dématérialisation ?
- La dématérialisation vue comme une chaîne de valeurs :
  - il faut identifier les usages (que souhaite-t-on ?) ;
  - il faut structurer la conception.
- Quelles activités ? Quels processus ? Quelles méthodes ?
- Avec quel RSI ? Avec quelle sécurité ? etc.
  - en tant que levier de réorganisation fonctionnelle : considérer les problèmes liés à la productivité et ceux liés au changement.

2. Définition des concepts

- Dématérialisation :
  - Suppression du support matériel.
- Infrastructure :
  - Ensemble des équipements économiques et techniques.
- Écosystème (infrastructurel) :

- Unité économique de base formée par l'ensemble des équipements économico-techniques et toutes les organisations qui les utilisent.

3. Fondements de l'informatique dématérialisée

- Début 2007 aux USA (Cloud Expo à New York)
- Concept « inventé » par le cybermarchand Amazon en 2006 :
  - Pour rentabiliser ses infrastructures ;
  - Mise en location temporaire à des tiers.
- Informatique dématérialisée :
  - Toutes les ressources informatiques uniquement accessibles à travers Internet.

Inclusion de la dématérialisation : Quelques éléments de base à réunir

- Des sources d'énergie sûres et stables ;
- Des infrastructures sécurisées ;
- Des processus, des compétences et du pilotage ;
- La facilité des communications ;
- La fiabilité des données ;
- Une gestion moderne des investissements et des dépenses publiques ;
- L'innovation.
- Des sources d'énergie sûres et stables :
  - Pour alimenter les équipements.
  - Le problème de disponibilité d'énergie sûre et stable est cité comme étant l'un des freins à l'implantation des grandes firmes de Cloud Computing dans une région donnée.
- Multiplication de fibres, de réseaux hertziens ➢ adaptation innovante des techniques de télécommunication pour assurer le trafic (jusqu'au dernier kilomètre); ➢ sécuriser les données qui transitent par le réseau (internet).
  - adapter la législation ;
  - adapter les processus traditionnels ;

- il faut des compétences appropriées pour la mise en œuvre des processus et du cadre légal, ainsi que pour le pilotage des Systèmes d'Information ;
- il faut des compétences appropriées pour la mise en œuvre des processus et du cadre légal, ainsi que pour le pilotage des Systèmes d'Information ; ➢ il faut donc la formation des personnes (plus particulièrement les jeunes); ➢ il faut étoffer les compétences enseignées localement ; s'assurer de l'adéquation entre les besoins et les compétences disponibles (localement).

✓ La facilité des communications Certaines populations resteront encore loin des centres de développement des SI (enclavées).

- Envisager des centres d'accès ruraux
- Envisager des plates-formes mobiles
- pour instiguer une dynamique de développement
- développer les compétences
- fournir un accès simplifié

✓ La fiabilité des données

- La quantité des données à traiter et le défi du Big data
- La qualité et la fiabilité des données est le vrai enjeu
- La question des sources de données se pose
- La question des structures institutionnelles en charge de la consolidation des données est posée
- La question des structures institutionnelles en charge de la consolidation des données est posée
- Mieux et bien structurer les institutions publiques
- Les acteurs privés doivent se doter des moyens pour fiabiliser toutes les données
- Il y a la question des conditions de conservation des données

- L'autre question c'est celle des infrastructures et des outils qui permettent de croiser les données.
- Mise à jour des données à temps réel.

✓ Une gestion moderne des investissements et des dépenses publiques

- Élément structurant de l'économie
- Levier d'entraînement dans le climat des affaires
- Plus de transparence signifie moins de corruption et efficacité renforcée.

✓ Une gestion moderne des investissements et des dépenses publiques

- Il faut une intégration des SI comptables et budgétaires
- Il faut une réconciliation des métiers, des processus et des acteurs à toutes les phases de l'intégration (de la conception aux derniers déploiements)
- Passer de la feuille de route de mise en place à l'implémentation effective
- Il faut disposer d'une mise de fonds initiale stable jusqu'à l'arrivée à maturité du service ➢ recours aux incubateurs dédiés aux Technologie de l'Information et de la Communication.

Étude de cas

Les soins infirmiers à domicile en Belgique : Dématérialisation du processus de facturation.

- Les acteurs
- Situation avant la dématérialisation
- Situation actuelle (dématérialisation)

Les acteurs

- Les patients
- les prestataires de soins (infirmiers/infirmières)
- les mutuelles (caisses d'assurance maladie) ➢ l'INAMI (Institut National d'Assurance Maladie- Invalidité)
- les autres !

Avant la dématérialisation

- le prestataire donne les soins au patient
- le patient paye (directement) le prestataire
- le prestataire délivre une attestation de soins (papier) au patient
- le patient envoie l'attestation à sa mutuelle pour se faire rembourser
- l'INAMI veille à la régularité des actes

Situation actuelle (dématérialisation)

- Le prestataire donne les soins au patient
- Lecture de la carte eID du patient
- Une application (software) prend le relais
- Vérification de la validité des informations
- Transmission des informations à la mutuelle
- Synchronisation des informations
- Sur base des résultats fournies par l'application, la mutuelle paye le prestataire via sa banque

Pour rendre cette dématérialisation effective, il a fallu mettre en place tout un écosystème dans lequel on retrouve plusieurs acteurs :

- Fournisseurs : énergie, matériel, logiciel, téléphonie mobile, accès internet, services internet ;
- Patients, prestataires de soins, organismes de contrôle, banque, etc.

Conclusion

- Dans un environnement informatique, l'écosystème tend à réunir : matériel, logiciel, services ;
- Mettre en cohérence ces trois éléments avec ses cibles et ses marchés est souvent gage de réussite.
- Comme un écosystème naturel sa durée de vie est plus ou moins longue.

2/ QUEL ÉCOSYSTÈME INFRASTRUCTUREL ET QUELLE POLITIQUE DE TARIFICATION POUR FAVORISER L'INCLUSION DE LA DÉMATÉRIALISATION EN AFRIQUE ?

M. Guy Noël LONDONGO[1]

Sommaire

1. Problématique

La dématérialisation est un sujet à la mode depuis un certain temps. Elle est la suite logique de la numérisation des outils utilisés par les administrations publiques ainsi que les entreprises privées. La complexité de la mise œuvre de ce processus entraîne des problématiques juridiques à savoir :

- Les données qui se substituent aux documents écrits ;
- L'échange électronique.

La dématérialisation entraîne bien un problème de preuve, c'est le premier aspect de la problématique juridique, et le passage de la forme papier à la forme électronique constitue le second aspect de la problématique juridique.

En dépit des difficultés juridiques que rencontre la dématérialisation, la non-couverture en infrastructures télécoms dans plusieurs localités en Afrique ainsi que le coût d'accès aux services constituent une source d'obstacle pour l'inclusion de la dématérialisation.

[1] Directeur des Systèmes d'Informations Ministère des Finances et du Budget (Congo).

Pourquoi dématérialiser ?

- permet de substituer un fichier en papier par un fichier au format numérique pour deux types de documents : (les documents entrants et les documents sortants);
- de réformer et moderniser les processus administratifs en permettant aux services publics de se concentrer sur les services à forte valeur ajoutée, notamment pour les usagers ;
- d'éviter la duplication des saisies, des traitements et des recherches d'information et gagner en efficacité ;
- d'améliorer la qualité des services et la fiabilité des données échangées (moins de risque de perte de documents,...);
- d'alléger la charge de travail administrative par la réduction ou l'élimination de tâches redondantes ou sans valeur ajoutée ;
- permet de réduire la production de déchets à des fins de préservation de l'environnement.

2. Quel écosystème infrastructurel ?

La dématérialisation implique l'usage d'outils informatiques faisant l'objet d'une très grande diversité (des réseaux --Télécoms, internet, intranet --, des systèmes variés, une diversité des navigateurs, des applications, des sécurités -- firewall, anti-virus, proxys --, etc.)

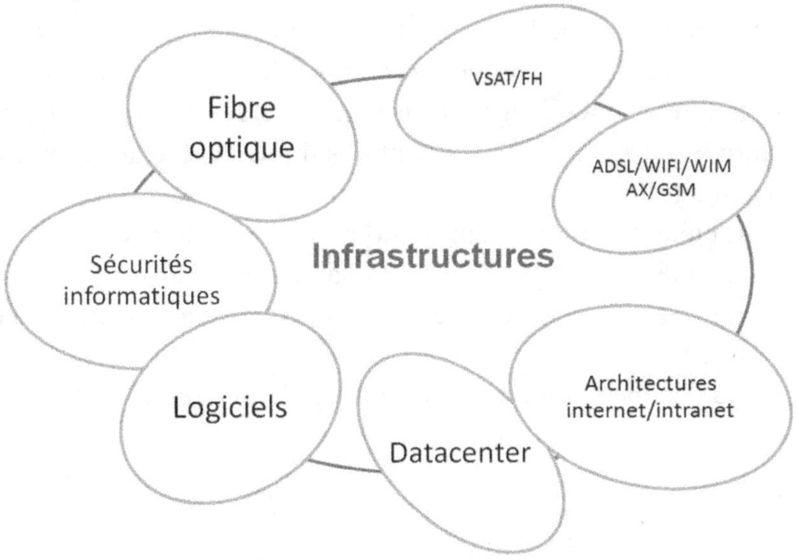

2.1 Difficultés rencontrées

- Faible maillage nationale en infrastructures de télécommunication ;
- Faible couverture nationale en énergie ;
- Manque de Datacenters de grandes capacités à l'échelle nationale ;
- Faible informatisation des administrations publiques ;
- Offres embryonnaires de systèmes de « self service » pour le grand public (interaction entre les usagers et les applications de l'administration publique ou des entreprises privées.
- Faible investissement dans le domaine des TICs

2.2 Zoom sur le Ministère des finances et du budget : processus de dématérialisation

- Mise en place d'une infrastructure télécom mixte (fibre optique privé, location de capacité chez des opérateurs, Wimax…)
- Mise en place des Datacenters : à vocation nationale
- Mise en place d'une infrastructure solaire pour la continuité de l'énergie
- Automatisation de la chaine de la dépense
  - L'élaboration du budget de l'État ;
  - Le traitement des dépenses publiques ;
  - Le traitement des dépenses du personnel.
- Automatisation de la chaine de la recette (Douanes, Impôts, …)
- Automatisation des processus comptable
- Relation avec les usagers (mise en place des espaces self-service entre les usagers et les applications du Ministère des Finances et du Budget)
  - La télé déclaration dans le domaine de la douane ;
  - La télé déclaration dans le domaine des impôts ;
  - Le portail des services du ministère des finances et du budget ;
  - La déconcentration de l'exécution du budget de l'État.
  - etc.

3. Quelle politique de tarification ?

- Démocratisation de la fibre optique ;
- Rendre accessible toutes les autres technologies et équipements d'accès aux TIC ;
- Réduction des frais de connexion ;
- Mise en œuvre d'une politique de couverture nationale en énergie
- Vulgarisation de l'outil informatique au grand public à travers les programmes académiques ;
- Incitations pour les équipements informatiques pendant une période donnée (exonération ou réduction de droits de douanes, de TVA…).

4. Impact de la dématérialisation

Pour les administrations publiques et entreprises privées

- Abaissement des coûts
- Hausse de la productivité
- Automatisation des processus
- Garantie de la traçabilité des documents
- Diminution de la charge papier
- Gain en espace de stockage

Pour la population

- Accès au service public et privé rapide et aisé
- Pour l'environnement
- Impact environnemental amoindrit

5. Conclusion

La dématérialisation est une opportunité à long terme pour les administrations et les entreprises africaines d'améliorer leur gestion et de faciliter les échanges avec leurs différents interlocuteurs.

Les pays africains doivent favoriser l'investissement sur les infrastructures des télécommunications pour améliorer l'accès aux services basés sur les TICs au plus grand nombre des populations.

De même, des politiques fiscales incitatives sur les biens et services en rapport avec les TICs concourraient à la réduction des coûts de ces services pour les usagers.

La couverture nationale en énergie est un facteur clé de la réussite de la dématérialisation.

SESSION 8

AUTORITÉ DE CERTIFICATION : CADRE JURIDIQUE ET ÉCOSYSTÈME TECHNOLOGIQUE

Panelistes :

- Monsieur Tontama Charles MILLOGO, Président de l'Autorité de Régulation des Communications Électroniques et des Postes (BURKINA FASO) ;
- Monsieur Servais Jean Luc BANZOUZI MISSIDIMBAZI, Conseiller au Numérique du Premier Ministre, Chef du Gouvernement (CONGO) ;
- Monsieur Omar TANTAOUI EL ARAKI, Directeur Associé d'ATEXO (MAROC) ;
- Monsieur Jean Célestin ENDOKE, Directeur des Affaires Juridiques et Internationales à l'ARPCE (CONGO).

1/ AUTORITÉS DE CERTIFICATION ELECTRONIQUE : CADRE JURIDIQUE ET ÉCOSYSTÈME TECHNOLOGIQUE AU BURKINA FASO

Tontama Charles MILLOGO[1]

Agenda

1. Présentation ARCEP BURKINA
2. Confiance Numérique : Généralités
3. Autorité de Certification : Cadre règlementaires
4. Autorité de Certification : Ecosystème technologique
5. Autorité de Certification : Problématique dans la mise en œuvre

1. Présentation de l'ARCEP Burkina Faso

L'ARCEP BF, l'Autorité de régulation des communications électroniques et des postes du BF, a été créée par la loi N°061-2008/AN du 27 novembre 2008 portant règlementation générale des réseaux et services de communications électroniques au Burkina Faso, sous forme d'autorité administrative indépendante, dotée de la personnalité juridique et de l'autonomie financière.

Cette loi fait suite à la loi N°061/98/AN du 22 novembre 2008 et prend en compte les décisions du Sommet mondial sur la Société de l'information, les actes additionnels de la CEDEAO et les directives de l'UEMOA relatifs aux TIC par lesquels, les autorités de régulation se sont imposées à nos Etats suite à la libéralisation du secteur des télécommunications intervenue à la fin des années 1990.

L'ARCEP est dotée d'un Conseil de régulation composé de sept conseillers dont quatre sont désignés par le Président du Faso et trois par le Président de l'Assemblée nationale. Ils sont nommés pour un mandat non renouvelable de six ans.

[1] Président ARCEP BF, charles.millogo@arcep.bf

2. Confiance Numérique : Généralités

Le développement d'une économie numérique repose sur un certain nombre de piliers fondamentaux dont :

1. Une infrastructure de communication créant le cyberespace ;
2. Une industrie de développement des contenues (solutions logicielles);
3. Une confiance numérique.

En effet, dans un monde connecté où les identités utilisées sont virtuelles (e.g. adresses IP, adresses e-mail, adresses MAC, etc.), la création d'un cyberespace de confiance numérique impose la mise en place de procédés fiables permettant de vérifier l'identité d'une entité et établir l'assurance d'une véritable protection des transactions. En rappel, la confiance numérique est caractérisée par quatre attributs, dont chacun traduit ce besoin accru de sécurité :

1) **Confidentialité :** Consiste à protéger les données contre l'accès en lecture des parties non-autorisées. La confidentialité est assurée par le chiffrement ;
2) **Authentification :** Consiste à prouver, d'une manière vérifiable et précise, l'identité des parties d'un échange électronique.
3) **Non-répudiation :** Consiste à prouver, d'une manière vérifiable et précise, l'exécution d'une action par une partie ayant participé à un échange électronique.
4) **Intégrité :** Consiste à protéger les données contre les modifications non-autorisées.

ATTENTION : **Authenticité** = Authentification + Intégrité

Sécurité des PKI

	Authentification simple	Authentification forte (2 facteurs)	Confidentialité	Intégrité	Non-répudiation
Mots de passe	✓	✗	✗	✗	✗
Tokens	✓	✓	✗	✗	✗
Systèmes biométriques	✓	✓	✗	✗	✗
Cryptographie symétrique	✗	✗	✓	✓	✗
Cryptographie asymétrique	✓	✓	✓	✓	✗
ICP ou PKI	✓	✓	✓	✓	✓

3. Autorité de Certification : Cadre règlementaire au BF

Les services et transactions électroniques sont régis au Burkina Faso par la loi n° 045-2009/AN du 10 novembre 2009 portant réglementation des services et transactions électroniques. Elle repose sur cinq (05) principes fondamentaux :

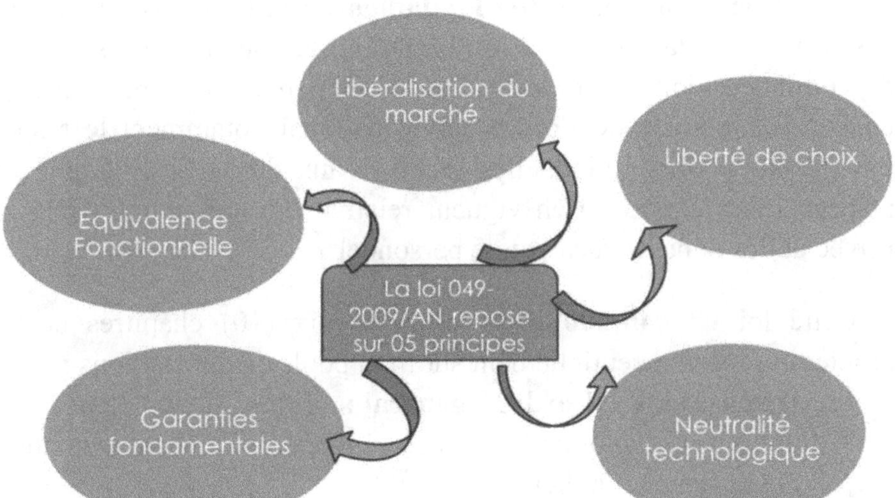

1/ Le principe de libéralisation du marché des services de confiance : La loi n'a pas désigné une structure publique chargée de fournir exclusivement les services de confiance même pour les besoins de l'administration publique et le gouvernement ; et ce, conforment à l'orientation stratégique de libéralisation de l'ensemble du secteur des technologies de l'information et de la communication

2/ Le principe de liberté de choix : La loi consacre le principe selon lequel toute personne conserve le libre choix. Le principe de liberté de choix lequel il pose ses actes juridiques. Cela signifie tout simplement que nul n'est obligé d'utiliser une signature électronique ou d'utiliser un service de recommandé électronique

3/ Le principe d'équivalence fonctionnelle : Dans les cas admis par la loi pour l'utilisation d'une forme électronique, la loi est très libérale quant aux effets juridiques attribués à la forme électronique.

4/ Le principe de neutralité technologique : La loi pose essentiellement des principes tout en évitant de faire référence à des standards techniques voués à une obsolescence rapide. À cet effet, le cadre juridique élaboré prévoit une Autorité d'accréditation et de contrôle des services de confiance chargée de rédiger des référentiels techniques de manière à assurer un suivi des évolutions technologiques et de pouvoir procurer des directives concrètes aux prestataires.

5/ Le respect des garanties fondamentales : L'accès ou l'exercice des services de la société de l'information, et notamment les services de confiance, doit se conformer à des exigences fondamentales qui constituent le socle de l'ordre public national notamment le respect des garanties constitutionnelles relatives aux droits de l'homme ; le respect de la législation en vigueur relative à la protection de la vie privée et des données à caractère personnel

Cette loi **n° 045-2009/AN** comporte dix (10) chapitres et 158 articles et repose essentiellement sur trois pools de dispositions :

1. **Dispositions d'ordre général :** Elles sont, tantôt des définitions tantôt des principes généraux qui tracent le contexte des règles particulières.
2. **Dispositions spécifiques aux échanges électroniques :** elles déterminent les transactions admises pour intégrer le cyberespace et les transactions exclues de cet espace ainsi que les règles spécifiques à leur validité, opposabilité et à leur cycle de vie

3. **Dispositions spécifiques à la signature électronique :** déterminent les types de services de confiance, les personnes et/ou les structures habilitées à intervenir dans la chaine de confiance ainsi que et le mode de gouvernance

Les services de confiance numériques définis par la loi sont :

1) L'archivage électronique
2) L'horodatage électronique
3) Le recommandé électronique
4) La certification électronique (gestion des certificats qualifiés).

Au niveau de la gouvernance la loi définit l'ARCEP comme :

1. Organe d'accréditation des Prestataires des Services de Confiance PSCO ;
2. Organe de Contrôle et de régulation ;
3. Autorité de Certification racine au besoin

La validité de l'accréditation est de 3 ans et le processus d'accréditation est décrit comme suit :

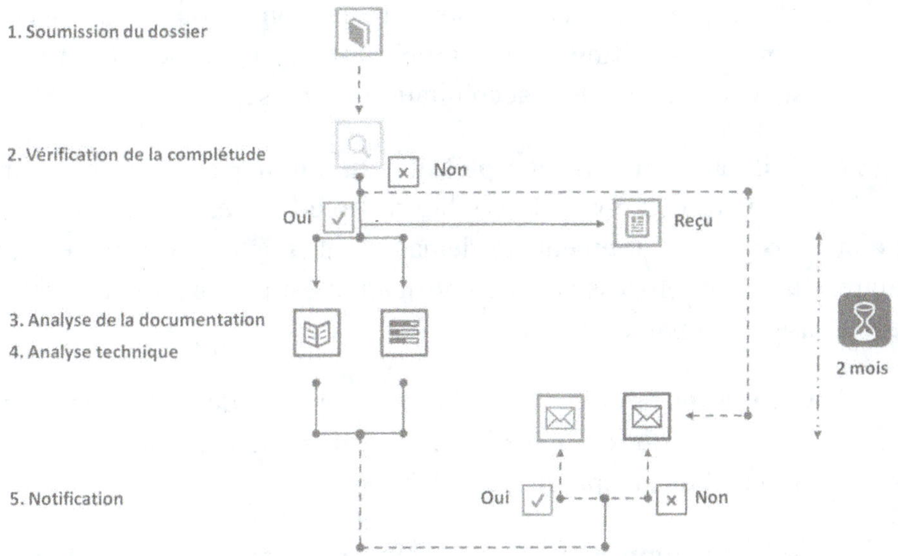

Les étapes de ce processus sont :

1/ Soumission du dossier : consiste à soumettre une demande d'accréditation en vue d'avoir le statut de prestataire de services de confiance. Cette demande est constituée des pièces suivantes :

- Identification du prestataire : nom et prénoms pour les personnes physiques et raison sociale pour les personnes morales ;
- Adresse : Indication précise de l'adresse de(s) (l') établissement(s) où seront hébergés les services de certification faisant l'objet de la demande d'accréditation ;
- Ressources humaines : liste complète des ressources humaines qui seront impliquées dans l'activité qui fait l'objet de l'accréditation ;
- Ressources techniques : description des dispositifs techniques qui seront mis en place pour l'activité qui fait l'objet de l'accréditation ainsi qu'une copie de tous certificats de conformité du dispositif établi par d'autres organismes d'évaluation, régionaux ou internationaux ;
- Documentation : politique de certification, politique de sécurité, statut de l'entreprise… ;
- Identification du service requis : indication du ou des service(s) (parmi ceux définis dans l'article 80 de la loi 045/2009) pour lesquels la demande d'accréditation est présentée.

2/ Vérification de la complétude du dossier : Le dossier doit obligatoirement comporter la totalité des pièces mentionnées dans le point précédent. Autrement, la demande est rejetée sans passer aux autres étapes du processus. Une notification est préparée à cet effet et est remise au demandeur.

3/ Analyse de la documentation : Au niveau de cette étape, une revue des politiques, procédures et instructions, tant au plan organisationnel que technique, est élaborée.

4/ Analyse technique : Un ensemble de critères techniques doivent être vérifiés dans les dispositifs techniques mis en œuvre par le prestataire en vue de se voir octroyer l'accréditation. Le dispositif cryptographique permettant de procéder à la génération et à la gestion des conventions secrètes doit répondre aux exigences de sécurité suivantes : garantir la robustesse cryptographique des conventions secrètes générées ; détecter les défauts lors des phases d'initialisation, de personnalisation et d'opération et disposer de techniques sûres de destruction des conventions secrètes qui ne sont plus utilisées ; garantir la confidentialité et l'intégrité des conventions secrètes ; assurer l'accès aux conventions secrètes exclusivement aux utilisateurs autorisés et protéger lesdites conventions contre toute utilisation par des tiers.

En outre, le dispositif cryptographique permettant le chiffrement des données à protéger doit répondre aux exigences de sécurité suivantes : garantir la confidentialité et l'intégrité des données à chiffrer ; assurer l'accès aux conventions secrètes exclusivement aux utilisateurs autorisés et protéger lesdites conventions contre toute utilisation par des tiers.

5/ Notification : Sur la base d'un rapport d'audit, une notification du résultat de l'instruction du dossier d'accréditation est communiquée au demandeur. En cas de refus, les raisons seront clairement mentionnées.

4. Autorité de Certification : Écosystème technologique

L'infrastructure à clé publique (ICP ou IGC ou PKI) :

1. Ensemble de composantes matérielles, logicielles et organisationnelles basé sur la cryptographie à clé asymétrique.
2. Chaque entité possède une paire de clés dont une publique et l'autre privée.
3. La clé privée est tenue secrète par son possesseur alors que la clé publique est disponible dans un annuaire sécurisé.
4. La gestion sécurisée de ces clés se fait à travers l'inclusion de la clé publique dans un certificat numérique signé par un tiers de confiance. Ainsi, le procédé fondamental de confiance (infrastructure à clé publique) est la signature électronique.

La mise en place d'une infrastructure de confiance suppose la présence minimum de cinq (05) acteurs fonctionnels :

1. Autorité d'Accréditation (AA) ;
2. Autorité de Certification (AC) ;

3. Autorité d'Enregistrement (AE) ;
4. Annuaire : Le service de publication qui rend disponibles les certificats de clés publiques émis par une AC à l'ensemble des utilisateurs potentiels de ces certificats ;
5. Utilisateur du certificat **:** C'est l'entité qui est référencée dans le certificat.

- **Autorité d'Accréditation (AA) :** Il s'agit d'un organisme indépendant qui délivre des attestations d'accréditation constituant une reconnaissance formelle de la compétence d'une composante de l'infrastructure de confiance à réaliser des actions spécifiques. L'accréditation se fait généralement en tenant compte de la réglementation en vigueur, des référentiels internationaux et de standards technologiques.
- **Autorité de Certification (AC)** : C'est une autorité qui permet d'authentifier les entités qui communiquent dans un domaine spécifique, domaine qui est constitué par un ensemble d'identités défini par une nomenclature particulière (e.g. nom de domaine, plage d'adresses) des services de certification.
- **Autorité d'Enregistrement (AE)** : C'est une entité optionnelle qui dépend au moins d'une AC et qui a la responsabilité de tâches administratives relatives à la gestion des demandeurs/porteurs et de leurs certificats, telles que :

L'infrastructure à clé publique doit être également intégrée dans un écosystème qui renforce la fonction de confiance qui lui est assignée, notamment les technologies mises en œuvre dans les institutions nationales de Sécurité des systèmes d'information et dans les CIRT (Computer Incidence Response Team).

Pour l'Autorité de Certification, l'écosystème technologique doit intégrer les éléments suivants :

1. Les prérequis technologiques pour la reconnaissance et l'intégration des Autorités de certification Racine dans les outils usuels de navigation et les systèmes d'exploitation (WebTrust et IETSI, les grands référentiels en la matière pour Mozilla, Windows, Apple) ;

2. Les Modules HSM (Hardward Security Module) : qui sont des véritables coffres-forts numériques utilisés pour le stockage des certificats destinés à sécuriser les transactions (ce module peut détruire les clés lors d'une violation physique) ;
3. Les technologies logicielles et/ou matérielles de détection des intrusions physiques et logiques ;
4. Des bases de données de type annuaires LDAP ;
5. Les technologies cryptographiques de type logiciels ou matériel (RSA 2048bits jusqu'en 2020, SHA-2).
6. Les locaux doivent être aménagés de façon à assurer la sécurité des conventions secrètes suivant les prescriptions bien édictées ;

5. Autorité de Certification : Problématique dans la mise en œuvre

Choix de l'approche :

Le Burkina Faso a opté pour l'ouverture, à la concurrence et la régulation du marché des services de transactions électroniques au détriment de l'approche par implication forte de l'État avec pour conséquence :

1. La léthargie du marché : Depuis l'ouverture aucune demande d'accréditation n'a été enregistrée ;
2. Les questions d'interopérabilité non clairement traitées. Ainsi :
   a) Dans l'approche utilisée, c'est dans l'interopérabilité des systèmes PKI que réside le plus gros défi à relever, ainsi que sur le plan de la reconnaissance mutuelle internationale.
   b) Il n'existe pas de choix clair sur l'architecture organisationnelle pour la prise en charge des questions de compatibilité et d'interopérabilité.

SESSION 9

ÉTAT DES LIEUX DE LA DÉMATÉRIALISATION

Panélistes :

- Monsieur Ibrahima Nour Eddine DIAGNE, directeur général du Guichet unique du Sénégal (GAINDE 2000), rapporteur Afrique du CEFAC-ONU (SÉNÉGAL) ;
- Monsieur Guillaume AUBERT, directeur de DEGETEL – Agence digitale et Conseil en Services numériques (FRANCE) ;
- Monsieur Jalal BENHAYOUN, directeur général du Guichet unique du Maroc « PORTNET » (MAROC) ;
- Monsieur Alain NDALA, directeur général de bureau Flex (CONGO).

1/ ÉTAT DES LIEUX DE LA DÉMATÉRIALISATION MÉTHODES ET OBJECTIFS

Guillaume Aubert[1]

Comment nos quotidiens B2B et B2C évoluent-ils en fonction des transformations digitales ? Quels impacts pour le commerce / les échanges nationaux et internationaux ? Comment pouvons-nous inscrire notre entreprise dans ce mouvement ? Comment puis-je m'y préparer ? Quels sont les risques de la dématérialisation ? Dois-je être aidé ? Faut-il tout confier à un partenaire ? Pouvons-nous éviter de nous transformer ?

Définition : Remplacement d'un support physique par un support informatique. Le cas principal est le remplacement du papier par des documents numérisés et certifiés.

Objectifs : Accroître l'efficacité en permettant une gestion entièrement électronique des données ou des documents produits en interne ou émanant des partenaires (administrations, clients, fournisseurs, etc.) en format numérique ou numérisés à leur entrée. Faciliter l'archivage à long terme. Partager la connaissance. Protéger ces documents. Réduire les coûts…

Opportunités : Faciliter les échanges internationaux, augmenter sa réactivité avec ses clients et ses fournisseurs, sécuriser les échanges, sécuriser les paiements, augmenter ses revenus, créer de l'emploi…

Constat : La dématérialisation n'est pas un phénomène nouveau et n'est pas une mode. Il est donc très complexe d'y échapper, et freiner entraîne un risque à moyen, voire à court terme de voir son business s'étioler.

On peut commencer à dater la dématérialisation avec l'arrivée de la disquette en 1967. Les coûts décroissants de l'informatique combinés à la croissance exponentielle des réseaux ont accéléré la dématérialisation. Accélération encore plus marquante dans le B2C avec les télécoms et aujourd'hui les smartphones et dans le B2B avec les réseaux haut débit.

---

[1] Directeur Degetel Belgium, Pointe-Noire le 12/09/2018.

Toutes les industries ne sont pas au même stade de dématérialisation. Pour exemple, il est évident que la presse a été majoritairement numérisée[2] lorsque l'industrie du pétrole[3] vit encore beaucoup sur ces acquis. Il existe donc une pression à la dématérialisation qui va influer sur tout votre business.

Il est donc essentiel d'analyser son marché et son contexte pour mesurer son avancement dans la dématérialisation. On peut être leader, *follower* ou en retard et choisir alors une stratégie adéquate.

Quatre Impacts centraux avec des conséquences globales : stratégiques, juridiques, organisationnels, techniques.

Stratégique : Comme dit précédemment, il est essentiel d'avoir un objectif clair de sa dématérialisation et de qualifier un planning réaliste. Les projets informatiques sont coûteux et touchent tous les pans de l'entreprise donc, bien se préparer et bien se dimensionner.

Juridique : La détention d'information numérique et la collecte sont très réglementées, en particulier en Europe avec la GDPR (General Data Protection Regulation). L'accès au document, à la sécurité, à la certification sont aussi à inclure.

Organisationnel : Les métiers de l'entreprise évoluent. Besoin d'expertise, besoin d'emploi plus qualifié.

L'IT de l'entreprise ne doit pas être un goulot d'étranglement pour le business. C'est un projet qui doit être accompagné avec la gestion du changement.

Technique : Définir les besoins de l'entreprise en fonction de sa maturité, évolution radicale du SI, mise en place d'une Data Policy, dématérialisation SAAS, IAAS, PAAS, full Cloud. Partenariat et contrat de service à mettre en place, SLA…

Méthodes : Il est préférable d'être accompagné, mais ce n'est pas une condition nécessaire.

- Recruter un personnel qualifié capable de mener le/les projet(s) de dématérialisation.
- S'inscrire dans des clubs/cercles/forums et partager ses expériences, échanger avec d'autres chefs d'entreprise, DSI et RSSI.

---

[2] Document Arte : « Presse, vers un monde sans papier. »

[3] *Les Échos* : « Numériques : les pétroliers veulent rattraper leur retard. »

- S'inspirer de ce qui a été fait et l'adapter à sa situation/son contexte.
- Se préparer et donc, se former !
- Préparer son personnel à la dématérialisation. C'est nouveau donc, cela fait peur. Une méconnaissance d'un sujet entraîne de la désinformation, de la réticence au changement et du turnover. C'est un risque d'alourdir la facture.
- Fiez-vous à la connaissance de votre business. Ne cherchez pas à appliquer sans réfléchir les recettes des autres.

Éducation + Formation + Communication

Conduite du changement
Pédagogie
Patience

Conséquences :

- Baisse à moyen terme des consommables papiers, imprimantes, encres…
- Déploiement plus rapide et plus simple d'applications métiers. Partage de l'information et de la connaissance. Gestion du multi-site simplifié. Contrôle des données accru et meilleur sécurité physique. Coûts !
- Dépendance informatique : dépendance logiciel, dépendance éditeur, dépendance Cloud et dépendance du réseau. Il est essentiel d'administrer ses contrats!
- Complexité hors business.
- Sécurité des données numériques.
- Coûts
- Impact écologique – Il est clé de prendre en considération une dématérialisation éco-responsable. L'impact écologique de la dématérialisation est, pour le moment, négatif[4]. Le temps peut

[4] X environnement :

jouer en notre faveur mais pas sans une politique globale de gestion des données numériques.

Cas d'usage et inspirations :

- Dématérialisation de la monnaie – Comment les flux monétaires dématérialisés changent les échanges commerciaux.
- La transformation du business de la photo – Passage de l'air argentique à l'air numérique.
- Le commerce en ligne – Amazon et le reste du monde
- La dématérialisation des infrastructures – Amazon et le reste du monde…
- Depuis le début de cette présentation, 3 milliards d'emails ont été envoyés dans le monde[5] (hors spam)
- L'automobile dématérialise la clé des voitures[6]
- En Estonie, 97% des documents administratifs sont numérisés[7]
- La presse dans le monde et la dématérialisation.

[https://www.lajauneetlarouge.com/article/la-dematerialisation-de-leconomie-mythe-ou-realite#.W4058c4zbDA]

5 Radicati Group, février 2017.

6 [https://www.usine-digitale.fr/article/valeo-invente-l-application-pour-ouvrir-sa-voiture-meme-depuis-l-etranger.N289225]

7 [https://www.youtube.com/watch?v=56rS3GipjZ4]

SESSION 10

QUEL CADRE JURIDIQUE FACE AU PHÉNOMÈNE DE CYBERCRIMINALITÉ ? LE DROIT SUBSTANTIEL ET PROCÉDURAL DES PAYS AFRICAINS, EST-IL ADAPTÉ AUX SPÉCIFICITÉS DE LA DÉLINQUANCE NUMÉRIQUE ?

Panélistes :

- Docteur Mouhamadou LO, expert en Droit des TIC et Ancien Président de la CDP (SÉNÉGAL) ;
- Docteur Kodjo NDUKUMA ADJAYI, expert en Droit du Numérique (RDC) ;
- Madame Solange GHERNAOUTI, professeure à l'École des HEC de l'Université de Lausanne, directrice de Recherche en cybersécurité et sciences de la complexité (SUISSE) ;
- Monsieur Guy Roland NTSIMBA, directeur général du Développement de l'Économie numérique (CONGO).

1/ L'ENCADREMENT JURIDIQUE DE LA CYBERCRIMINALITÉ

Par Dr Mouhamadou LO

Sommaire

- Contexte
- Cadre normatif :
  - Infractions adoptées
  - Nouvelles incriminations
- Aménagement de la procédure pénale
- Cadre institutionnel

1) Contexte de la législation sur la cybercriminalité

Contexte : constats

- Développement des TIC : avènement de la SI (e-administration, e-entreprise et e-citoyen)
- Conséquence : l'apparition de la cybercriminalité – nouveaux dangers et de graves menaces

Contexte : approches législatives

- Lois sectorielles : Sénégal, Côte d'Ivoire, Cameroun, Tunisie, Ghana, Nigeria, Togo, Maroc, Afrique du Sud, Mauritanie
- Code pénal : Tchad, Bénin, Burkina

Contexte : définition concepts

Définition des concepts :

Cybersécurité ?

Ensemble de mesures de prévention, de protection et de dissuasion d'ordre technique, organisationnel, juridique, financier, humain, procédural permettant d'assurer la sécurité des infrastructures de communications électroniques et des SI publics ou privés ainsi que la protection de la vie privée des personnes (données personnelles).

Cyber menaces ?

- Cyber défense
- Cyber crime
- Cyber terrorisme
- Cyber guerre (attaque)
- Cyber espionnage
- Cyber racket ou chantage
- Cyber criminalité

2) Cadre normatif : adoption de nouvelles infractions spécifiques aux TIC

1) Création d'infractions spécifiques aux TIC

Nouvelles infractions	Principes consacrés	Exemples
La protection pénale des SI	**Définition d'un SI** : « tout dispositif isolé ou non, tout ensemble de dispositifs interconnectés assurant en tout ou partie, un traitement automatisé de données en exécution d'un programme ». V. article 431-7 de la Loi SN+Art. 4 Loi SN	Ordinateur pris isolément, réseau informatique, Smartphone, Terminal de paiement électronique, Serveur
	Les atteintes à la confidentialité des SI : l'accès frauduleux à un système informatique : art. 429 CP Tchad ; Art. 26 Loi CN	Pénétration dans SI, contre le gré du maître, en forçant ou en contournant le dispositif de sécurité, même sans dégradation

Nouvelles infractions	Principes consacrés	Exemples
La protection pénale des SI	Maintien frauduleux dans un système informatique Art. 4 Loi Côte d'Ivoire, Art. 430 CP du Tchad	Fait pour un individu non habilité d'avoir accédé par hasard ou par erreur à un système ou d'avoir causé un dommage à un réseau
	L'entrave au fonctionnement du système Art. 430 CP du Tchad, Art. 431 – 10 Loi SN, Art. 66 Loi CM	Introduction frauduleuse de données dans un système informatique en transmettant, endommageant, effaçant, détériorant, modifiant, supprimant ou rendant inaccessibles les données

La protection pénale des SI
Exemples de sanctions

PAYS	INFRACTIONS ET SANCTIONS
Art. 429 - Tchad	**Accès frauduleux** : un emprisonnement d'un 1 an à 5 ans et d'une amende de 100.000 francs à 10.000.000 francs
Art. 431-8 - Sénégal	**Accès frauduleux** : un emprisonnement de 6 mois à 3 ans et d'une amende de 1 000.000 francs à 10.000.000 francs
Art. 68 - Cameroun	**Accès frauduleux : un** emprisonnement de 5 à 10 ans et d'une amende de 10.000.000 à 50.000.000

Nouvelles infractions	Principes consacrés	Exemples
La protection pénale des données informatiques	L'interception frauduleuse de données dans un système informatique : Art. 434 Loi Tchad, 431 – 12 loi Sénégal, Art. 65 Loi CM	Le fait d'effectuer, sans droit ni autorisation, l'interception par des moyens techniques, de données lors des transmissions
	L'endommagement , l'effacement, la détérioration, l'altération, la modification frauduleuses de données informatisées. Art. 431-13 Sénégal Art , 432 et s. Loi du Tchad	Le fait d'introduire, d'altérer, de détériorer, d'effacer ou de modifier sans autorisation des données informatiques

La protection pénale des données informatiques
Exemples de sanctions

PAYS	INFRACTIONS ET SANCTIONS
Art. 431-12 - Sénégal	**Interception frauduleuse : un** emprisonnement de 1 à 10 ans et d'une amende de 5.000.000 à 10.000.000
Art. 431 - Tchad	**Interception frauduleuse : un** emprisonnement de 1 à 5 ans et d'une amende de 5.000.000 à 10.000.000
Art. 8 – Côte d'Ivoire	**Interception frauduleuse : un** emprisonnement de 5 à 10 ans et d'une amende de 40.000.000 à 60.000.000

Nouvelles infractions	Principes consacrés	Exemples
La protection pénale des données à caractère personnel	Non-respect des formalités préalables Art. 438 CP Tchad, art. 74 – 3 Loi cm	Refus de déclaration d'un traitement de DACP
	Utilisation d'un moyen frauduleux, déloyal ou illicite Art. 24 Loi Côte d'Ivoire	SPAM ou vol de données personnelles
	Interception des données personnelles Art. 74 – 2 Loi CM	Écoutes non autorisées
	Non-respect d'une mise en demeure Art. 431-18 Sénégal	Refus de respecter les décisions des AP
	Non-respect des mesures de sécurité Art. 431-21 Sénégal	Manquement à la confidentialité des données collectées

Protection pénale des données à caractère personnel
Exemples de sanctions

PAYS	INFRACTIONS ET SANCTIONS
Art. 438 - Tchad	**Formalités préalables** : un emprisonnement 1 an à 5 ans et d'une amende de 100.000 francs à 10.000.000 francs
Art. 431-17 - Sénégal	**Formalités préalables** : un emprisonnement 1 an à 7 ans et d'une amende de 500.000 francs à 10.000.000 francs
Art. 74-3 - Cameroun	**Formalités préalables :** emprisonnement 1 à 3 ans et d'une amende de 1.000.000 à 5.000.000 francs
Art. 74-4 - Cameroun	**Utilisation d'un moyen frauduleux, déloyal ou illicite :** emprisonnement 6 mois à 2 ans et d'une amende de 1.000.000 à 5.000.000 francs
Art. 431 – 19 - Sénégal	**Utilisation d'un moyen frauduleux, déloyal ou illicite :** un emprisonnement 1 an à 7 ans et d'une amende de 500.000 francs à 10.000.000 francs
Art. 24 – Côte d'Ivoire	**Utilisation d'un moyen frauduleux, déloyal ou illicite :** un emprisonnement 1 an à 5 ans et d'une amende de 5 000.000 francs à 100.000.000 francs

Nouvelles infractions	Principes consacrés	Exemples
Les infractions informatiques	Le faux et la falsification informatique Art. 431-14 Loi Sénégal; Art. 10 Loi Côte d'Ivoire	Le fait d'utiliser un faux numéro de carte de crédit pour un paiement en ligne
	La fraude informatique Art. 12 Loi CI ; 431 – 16 Loi SN	L'obtention frauduleuse, pour soi-même ou pour autrui, d'un avantage quelconque, par l'introduction, l'altération, l'effacement ou la suppression de données ou par toute forme d'atteinte d'un système informatique

Nouvelles infractions	Principes consacrés	Exemples
La pornographie enfantine	Toute donnée quelle qu'en soit la nature, la forme ou le support représentant un mineur ou une personne qui apparait comme un mineur se livrant à un agissement sexuellement explicite ou des images réalistes représentant un mineur se livrant à un comportement sexuellement explicite Art. 431-7 Loi SN, Art. 15 Loi CI	Comportements sexuels de toutes natures impliquant des mineurs

Pornographie enfantine
Exemples de sanctions :

PAYS	INFRACTIONS ET SANCTIONS
Art. 440 Loi Tchad	**Production de contenu** : un emprisonnement 1 an à 5 ans et d'une amende de 1 000.000 francs à 10.000.000 francs
Art. 431-34 Loi Sénégal	**Production de contenu** : un emprisonnement 5 ans à 10 ans et d'une amende de 5 000.000 francs à 15.000.000 francs
Art. 76 - Loi Cameroun	**Production de contenu** : un emprisonnement 5 ans à 10 ans et d'une amende de 5 000.000 francs à 10.000.000 francs
Art. 80 - Loi Cameroun*	**Pédophilie** : un emprisonnement 3 ans à 6 ans et d'une amende de 5 000.000 francs à 10.000.000 francs

Nouvelles infractions	Principes consacrés	Exemples
Autres atteintes réprimées	**Menaces** Art. 449 Loi Tchad, 431-39 Loi SN	Propension de virus sur un SI
	Insultes Art. 450 Loi Tchad, 431-40 Loi SN	Diffamation, dénigrement et injures
	Outrage Art. 77 Loi CM	Contre les forces de l'ordre ou les autorités publiques
	L'usurpation d'identité numérique Art. 440 Loi Tchad, Art. 19 Loi CI	Le fait d'usurper l'identité d'un tiers en vue de troubler sa tranquillité ou celle d'autrui ou de porter atteinte à son honneur, à sa considération ou à son patrimoine

Nouvelles infractions	Principes consacrés	Exemples
Autres atteintes réprimées	Les enregistrements clandestins Article 74.- Loi CM ; Article 363 bis. CP SN	Le fait, au moyen d'un procédé quelconque, de porter atteinte à l'intimité de la vie privée d'autrui en fixant, enregistrant ou transmettant, sans le consentement de leur auteur, les données électroniques ayant un caractère privé ou confidentiel
	La publicité en ligne Art. 22 Loi CI ; Art. 431-51 et s. Loi SN	Utilisation de procédés illicites d'envoi de messages électroniques non sollicités (prospection directe) ou la transmission d'un ou de plusieurs courriers électroniques avec l'intention de tromper les destinataires (spamming)

Autres atteintes
Exemples de sanctions :

PAYS	INFRACTIONS ET SANCTIONS
Art. 449 Loi Tchad	**Menaces** : un emprisonnement 1 an à 5 ans et d'une amende de 1 000.000 francs à 10.000.000 francs
Art. 431-42 - Loi Sénégal	**Menaces** : un emprisonnement 6 mois à 7 ans et d'une amende de 500.000 francs à 10.000.000 francs
Art. 450 - Loi Tchad	**Insultes** : un emprisonnement 1 an à 5 ans et d'une amende de 1 000.000 francs à 10.000.000 francs
Art. 431-43 - Loi Sénégal	**Insultes** : un emprisonnement 6 mois à 7 ans et d'une amende de 1 000.000 francs à 10.000.000 francs
Art. 77 – Loi Cameroun	**Outrage**: un emprisonnement 2 à 5 et d'une amende de 2 000.000 francs à 5.000.000 francs
Art. 431-57- Sénégal	**usurpation d'identité** : un emprisonnement 1 an à 7 ans et d'une amende de 500.000 francs à 2.000.000 francs
Art. 19 - Côte d'Ivoire	**usurpation d'identité** : un emprisonnement 2 à 5 ans et d'une amende de 5 000.000 francs à 10.000.000 francs

PAYS	INFRACTIONS ET SANCTIONS
Art. 363 Bis – CP Sénégal	**Enregistrements clandestins** : un emprisonnement de 1 à 5 ans et d'une amende de 500.000 francs à 5.000.000 de francs
Art. 74 – Loi Cameroun	**Enregistrements clandestins** : emprisonnement de 1 à 2 ans et d'une amende de 1.000.000 à 5.000.000 F CFA
Art. 431-55 Bis - loi SN	**Publicité en ligne** : un emprisonnement 6 mois à 2 ans et d'une amende de 250.000 à 1 000.000 francs (Art. 431-55 Loi SN)
Art. 461 - Loi TchaD	**Publicité en ligne** : emprisonnement 1 an à 5 ans et d'une amende de 100.000 à 10 000.000 francs

Nouvelles infractions	Principes consacrés	Exemples
Activités des prestataires techniques et de commerce électronique	Refus de conserver les données de connexion des internautes ou de communiquer des informations Art. 431-44 Loi SN	Opérateurs de télécommunications / FAI
	Manquement à l'obligation d'information du consommateur Art. 431-48 Loi SN	Conditions générales de vente illisibles
	Non-exécution des injonctions officiers de police judiciaire (Art. 452 et s. Loi Tchad)	Opérateurs de télécommunications / FAI

Les infractions liées aux activités des prestataires techniques
Exemples de sanctions

PAYS	INFRACTIONS ET SANCTIONS
Art. 431 – 43 - Loi SN	**Refus de communiquer les données au juge** : un emprisonnement 6 mois à 1 an et d'une amende de 100.000 francs à 10.000.000 francs
Art. 452 – Loi TD	**Refus de communiquer les données au juge** : un emprisonnement 1 an à 5 ans et d'une amende de 1 000.000 francs à 10.000.000 francs

3) Cadre normatif : adaptation des incriminations traditionnelles à l'utilisation des TIC

Nouvelles incriminations	Principes consacrés	Exemples
Infractions contre les biens	Le vol ou la copie frauduleuse de données informatiques Art. 462 Loi Tchad ; Art. 431-53 et s Loi SN ; Art. 26 Loi CI	La soustraction frauduleuse d'information ou le copiage frauduleux de données informatiques
	L'escroquerie en ligne Art. 463 Loi Tchad ; article 431-56 Loi SN	Phishing ou hameçonnage

Exemples de sanctions

PAYS	INFRACTIONS ET SANCTIONS
Art. 462 - Loi Tchad	**Copie frauduleuse de données** : un emprisonnement 1 an à 5 ans et d'une amende de 100.000 francs à 10.000.000 francs
Art. 431-58 - Loi Sénégal	**Copie frauduleuse de données** : un emprisonnement 6 mois à 2 ans et d'une amende de 250.000 francs à 1.000.000 francs
Art. 26 - Loi Côte d'Ivoire	**Copie frauduleuse de données** : un emprisonnement 5 à 10 ans et d'une amende de 3 000.000 francs à 5.000.000 francs

Nouvelles incriminations	Principes consacrés	Exemples
Infractions de presse en ligne	Interdiction de publier ou de propager par voie de communications électroniques ou d'un système d'information, une nouvelle sans pouvoir en rapporter la preuve de véracité ou justifier qu'il avait de bonnes raisons de croire à la vérité de ladite nouvelle Art. 468 Loi Tchad ; Art. 431-59 Loi SN ; 78 Loi CM	Web, forum de discussion, courrier électronique, réseaux sociaux…) sont des moyens de diffusion publique destinés à atteindre le grand public

4) Cadre normatif : aménagement de la procédure pénale

Nouvelle procédure	Principes consacrés	Exemples
La consécration de la perquisition informatique	Le juge est habilité à opérer une perquisition dans un système informatique lorsque des données stockées dans ce système sont utiles à la manifestation de la vérité Art. 677-36 Loi SN, Art. 53 Loi CM	Tout support : compte bancaire, messagerie électronique)
L'admission de la saisie informatique	La saisie, ordonnée par juge d'instruction, se fait par copiage sur des supports physiques de stockage et placés sous scellés des données utiles pour la manifestation de la vérité Art. 677-37 Loi SN	Tout support

Nouvelle procédure	Principes consacrés	Exemples
La conservation rapide des données informatisées archivées	L'autorité judiciaire peut faire injonction à toute personne de conserver et de protéger l'intégrité des données en sa possession ou sous son contrôle Art. 677-35 Loi SN, Art. 72 Loi CI	Le délai de conservation des données : deux ans au maximum
L'interception de données informatisées	L'autorité judiciaire peut autoriser l'interception de données Art. 677-38 Loi SN, Art. 65 Loi CM	Pratique du sniff sous l'encadrement de l'action par les autorités judiciaires

5) Cadre institutionnel : création d'organisme de répression

- Les unités spécialisées dans la lutte contre la cybercriminalité : l'exemple du Sénégal
- LA BRIGADE SPECIALE DE LUTTE CONTRE LA CYBERCRIMINALITE (BSLC)
- Une entité intégrée à la Division des Investigations Criminelles de la Direction de la Police Judiciaire
- Structures similaires : Côte d'Ivoire (PLCC), Maroc, Kenya, Algérie (ONPLCILTIC), etc.

Missions

- Mener des investigations numériques et traditionnelles (le recours au numérique ne signifie pas la fin de l'action humaine)
- Apporter une assistance technique aux services chargés de l'application de la loi Pénale
- Participer à la formation des forces de sécurité
- Examiner, analyser des preuves numériques
- Concourir à la prévention de la cybercriminalité
- Nouer des partenariats (coopération) : coopération interinstitutionnelle, partenariat public-privé, coopération régionale ou internationale.

COMMUNIQUÉ FINAL DU FORUM NUMÉRIQUE CONGO 1re ÉDITION

Le Forum Numérique Congo, couplé aux Journées Portes Ouvertes du GUOT, s'est tenu du 10 au 12 septembre 2018 dans la salle de conférences de l'Hôtel Atlantic Palace, Pointe-Noire [Congo], sur le thème de « la dématérialisation et la gouvernance électronique ».

Le Forum a connu, à son ouverture, le mot de bienvenue de Monsieur Germain BEMIBA-BANTSIMBA, vice-maire de la ville de Pointe-Noire, les allocutions de Monsieur Eugène Rufin BOUYA, président du Comité d'Organisation du Forum Numérique Congo, vice-président de l'Alliance africaine pour le commerce électronique, directeur général du Guichet unique des opérations transfrontalières (GUQT), de Monsieur Léon Juste IBOMBO, ministre des Postes, des Télécommunications et de l'Économie numérique, ainsi que le discours d'ouverture de Monsieur Fidèle DIMOU. Ministre des Transports, de l'Aviation civile et de la Marine marchande avec la participation de Monsieur Thierry Lézin MOUNGALLA, ministre de la Communication et des Médias, porte-parole du gouvernement.

Le Forum a atteint son objectif de cadre d'échanges, de partage d'idées, de mutualisation des expériences, afin d'inspirer aux pouvoirs publics et aux parties prenantes du secteur privé, les stratégies et les normes d'action face aux enjeux de dématérialisation et la gouvernance électronique, à l'ubiquité de l'information et à l'omniprésence du numérique dans tous les aspects de la vie humaine.

En liminaire du Forum, des exposés inauguraux ayant permis une vision panoramique sur le thème retenu, en présentant des axes structurants des enjeux de transformation numérique :

- Le déficit énergétique comme frein au développement numérique et la prise en compte de la révolution numérique planétaire au même titre des grands enjeux sur le climat ;
- Le développement de l'appétence sur les fondamentaux de cybersécurité comme un aspect désormais consubstantiel à la dématérialisation ;
- Les applications pratiques de la dématérialisation des procédures administratives dans le domaine du commerce de la santé, de la logistique, de la justice, de la gestion des caisses de retraite, dans la passation des marchés publics, dans la participation citoyenne, sur l'avantage de la transparence et de la production des rapports ;
- L'appréhension conceptuelle des glissements de paradigme provoqués par la dématérialisation, en effectuant un cyber audit du vaste champ du numérique en vue de disposer d'une stratégie et d'une prospective selon l'idée que tout ce qui ne se régénère pas se dégénère ;
- La nécessité, pour changer, d'être conscient de la fin d'une étape, en vue de se situer ensuite dans une zone de transition et/ou d'entrer dans le cycle d'un nouveau départ.

À la question majeure « Sommes-nous prêts [pour la dématérialisation] ? », le Forum a retenu que, pour la démarche de gouvernance électronique, il faut se situer et penser avant d'agir. Il importe, pour chaque pays, de s'inscrire dans l'incontournable mouvement stratégique du numérique mondial, mais en élaborant une manœuvre de positionnement dans la chaîne de valeur de l'Internet, avant de se lancer dans la démarche.

Les deux étapes inaugurales du Forum ont été l'occasion, pour le ministre des Postes, des Télécommunications et de l'Économie numérique, d'annoncer que la Cour suprême de la justice de la République du Congo a déclaré conformes à la Constitution les dispositions des avant-projets de loi de réforme du secteur des TIC dans le pays qui ont fait l'objet d'atelier de restitution en 2013, en notant que le cadre juridique tel que pensé alors est débordé par plusieurs évolutions d'enjeux actuels du monde numérique.

Au cours de la table ronde ministérielle, inscrite en charnière entre la philosophie du Forum et les exposés techniques de l'agenda, le Forum est parvenu à la conviction :

- que l'Afrique, depuis ses indépendances de 1960, se trouve au même stade historique des défis avec l'Europe face aux enjeux de l'Internet, qui touchent de la même manière et au même moment tous les continents, s'est tenue à la suite ;
- que ce nouveau défi planétaire offre à l'Afrique l'opportunité dc peser par son positionnement intellectuel, stratégique, économique et technologique dans l'ordre des mutations mondiales liées au numérique ;
- que le moment est à la réflexion et à l'action.

Le Forum a décliné, en 10 sessions ou panels d'exposés pratiques et scientifiques, la réflexion sur le thème principal. Le Forum Numérique Congo a tiré profit du carrefour des expériences de la part des personnalités d'horizons interprofessionnels différents et de la part d'intervenants venus du Sénégal, du Maroc, de la Belgique, de la Suisse, de la France, du Burkina Faso et de la République démocratique du Congo. Leur liste figure en annexe du présent communiqué.

Ainsi, le Forum a dégagé les recommandations au regard des articulations thématiques ci-après :

- Session 1 : Comment protéger les fondamentaux binaires et PLA [base de données] en matière de dématérialisation ?
- Session 2 : Le droit de l'informatique et de l'Internet : textes et usages ?
- Session 3 : La sécurité informatique ; les réponses techniques, juridiques et organisationnelles ;
- Session 4 : Les enjeux et défis de la cybersécurité ;
- Session 5 : E-commerce : moyens de paiement et réglementation ;
- Session 6 : La dématérialisation des procédures et des documents, pour quel enjeu ? La dématérialisation peut-elle être un facteur de succès sans système informatique interopérable ?

- Session 7 : Quel écosystème infrastructure ! et quelle politique *as* tarification pour favoriser l'inclusion de la dématérialisation en Afrique ?
- Session 8 : Autorité de Certification : cadre juridique et écosystème technologique ;
- Session 9 : État des lieux de la dématérialisation ;
- Session 10 : Quel cadre juridique face au phénomène de cybercriminalité ?

Le droit substantiel et procédural des pays africains est-il adapté aux spécificités de la délinquance numérique ?

Au terme des présentations et d'échanges, les recommandations et résolutions, qualifiées de « **recommandations et résolution de Pointe-Noire**, Actes I », ont été formulées, à savoir :

- que les logiciels et les bases de données bénéficient du degré au moins équivalent de protection des droits d'auteurs, en facilitant le dépôt légal pour la titularisation des avantages et en actualisant les sanctions contre les atteintes réalisées à travers des systèmes d'information et des logiciels malveillants ;
- que l'objet de la législation sur le droit de l'informatique et de l'Internet soit regroupé sous la sémantique de « Cyberdroit » ou du « droit du numérique » et encadre les aspects protéiformes de la dématérialisation :
  - Responsabilité des acteurs de l'Internet ;
  - Commerce électronique ;
  - Droits d'auteur, base de données, *open data* ;
  - Droits des logiciels libres et privatifs ;
  - Données à caractère personnel ;
  - PPGIIVG, signature électronique et archives dématérialisées ;
  - Lutte contre la cybercriminalité, le cyberespionnage et le cyberterrorisme ;
  - Régulations et formes d'inter-régulations ;
- que la sécurité informatique suive les normes techniques et prudentielles de normalisation, clé certification, d'intégrité et d'authentification, tout en assurant l'interopérabilité nécessaire au circuit de traitement administratif dématérialisé au service du citoyen ;

- que les dispositifs de cybersécurité d'État, d'entreprise tiennent compte non seulement de l'enjeu organisationnel et participant, impliquant chaque utilisateur des technologies au-delà de l'idée de responsabilisation unique du « Data Protection officer », mais aussi de la sensibilisation pour limiter l'aléa du comportement humain qui rend vulnérables les mécanismes internes de sécurité, même les plus robustes ;
- que les rôles et responsabilités des intermédiaires financiers et des organes de régulation, y compris la Banque centrale, soient précisés dans le cadre du commerce électronique et du Mobile Banking, en vue de bâtir la confiance en l'économie numérique, de garantir la sécurité des avoirs des clients, d'assurer leur information et leur satisfaction pour les transactions en ligne ;
- que la vie privée et les données personnelles soient cloisonnées dans le système d'information interopérable en vue de limiter à sa finalité de traitement et à son domaine de compétence, l'accès de chaque entité intervenant dans la même chaîne procédurale de la dématérialisation des services publics ;
- que la régulation multipartite des télécoms harmonise les solutions et les interventions autour de la problématique temps ou déploiement des infrastructures des technologies de l'information sur le territoire que de la qualité de service et du tarif d'accès ;
- que les attributions respectives, permettant à chaque entité la création de sa signature électronique, soient harmonisées avec le rôle d'Autorité racine de certification assurée par le GUOT pour le cas du Congo, le système pouvant être décentralisé, mais arborescent sur le plan technique pour la sauvegarde des copies de clefs de chiffrement ;
- que les impacts multidimensionnels du numérique soient pris en compte dans la disparition de certains métiers traditionnels, dans les changements de processus d'apprentissage, dans le pragmatisme des solutions à y apporter, dans le transfert aux usagers des tâches autrefois dévolues aux employés d'agence avant la dématérialisation desdites taches, dans la massification des données nécessaires à l'exploitation de l'intelligence artificielle et au fonctionnement d'objets connectés que les États

mettent à jour, rapprochent et harmonisent tant leurs législations pénales que leurs stratégies de prévention au niveau national, communautaire et international en vue d'éradiquer les paradis cybercriminels et de renforcer la coopération ou l'entraide judiciaire dans le continuum cybersécurité-cyberdéfense.

1. Pour ce faire, les participants recommandent aux gouvernements la prise des textes sinon la mise à jour des législations nationales en intégrant la dimension numérique afin d'encadrer le développement de l'économie numérique, en Afrique en général et au Congo en particulier. Il s'agit des textes relatifs :

- aux transactions électroniques ;
- à la protection des données personnelles ;
- à la cybersécurité ;
- à la cybercriminalité ;
- aux droits d'auteurs et droits voisins.

2. Les États, pour favoriser la confiance et le développement du numérique, doivent arrimer le déploiement des infrastructures et les politiques incitatives dans un cadre juridique en phase des évolutions technologiques. Pour ce faire, les gouvernements sont tenus de mettre en place des organes de conseil et de régulation ci-après :

- les conseils nationaux du numérique ;
- les agences nationales de Sécurité des systèmes d'information ;
- les agences de protection des droits d'auteur en matière de logiciels et bases de données ;
- les agences nationales de financement de l'écosystème numérique.

Les travaux se sont achevés à la satisfaction générale des participants qui remercient le directeur général du GUOT, Monsieur Eugène Rufin BOUYA, le personnel du GUOT, les panélistes ainsi que le gouvernement congolais qui leur ont donné l'occasion d'acquérir de nouvelles connaissances dans le domaine du numérique.

Le Forum a exprimé le souhait de voir se pérenniser l'initiative du GUOT et organiser sa deuxième édition en vue de consolider les acquis et de se projeter face aux enjeux évolutifs de la gouvernance numérique.

Fait à Pointe-Noire le 12 septembre 2018,
Les participants.

ANNEXE

Les sessions ont été animées par :

- Prof. ABDOULLAH CISSÉ, avocat au barreau de Dakar, légiste et expert en droit des 1MTIC [SÉNÉGAL] ;
- Dr Jérôme DOSSOGNE, expert en Cybersécurité, enseignant à l'Université Libre de Bruxelles, à la Haute École de Bruxelles-Brabant, École supérieure d'Informatique [HE2B-ES !] à Bruxelles [BELGIQUE] ;
- Prof. Solange GHERNAOUITI, manager de Swiss Cybersecurity Advisory and Research Group, enseignante à l'Université de Lausanne [SUISSE] ;
- Monsieur Eugène Rufin BOUYA, vice-président de l'Alliance africaine pour le Commerce électronique [AACE], DG GUOT [CONGO] ;
- Monsieur Ibrahima Nour Eddine DIAGNE, administrateur, directeur général du Guichet unique GAINDE 2000 [SÉNÉGAL] ;
- Monsieur Omar TANTAOUI, directeur général ATEXO [MAROC] ;
- Monsieur Mouhamadou LO, ancien président de la Commission des données personnelles [SÉNÉGAL] ;
- Monsieur Guillaume AUBERT, directeur Dégétel [FRANCE] ;
- Docteur Kodjo NDUKUMA ADJAYI, docteur en droit comparé de Paris 1 Panthéon-Sorbonne, professeur de droit du Commerce électronique au Master Droit et contentieux OHADA à l'Université protestante du Congo, expert en droit, du numérique [RDC] ;
- Monsieur Tontama Charles MILLOGO, Président de l'Autorité de Régulation des Communications électroniques et des Postes [BURKINA FASO] ;

- Monsieur Luc MISSIDIBANZI, conseiller au numérique du Premier ministre, chef du gouvernement [CONGO] ;
- Monsieur Guy Roland TSIMBA, directeur général du Développement de l'Économie numérique [CONGO] ;
- Monsieur Jaial BENHAYOUN, directeur général PORTNET S.A. [MAROC] ;
- Monsieur Calixte Médard TABANGOLI, directeur général de la Banque postale [CONGO] ;
- Docteur Bernard NGAZO, expert en finances et en management, directeur général de l'ESCIC (CONGO) ;
- Amina Magalie Sébastienne TCHIGAYA ABOU, directrice commerciale d'exploitation et du marketing du GUOT [CONGO] ;
- Docteur Jonas BELEHO, maître-assistant à la Haute École de Bruxelles-Brabant, École supérieure d'informatique (HE2B-ESI) à Bruxelles [BELGIQUE] ;
- Monsieur Lié-Rupert GOUARI, directeur des systèmes d'information et de la Certification électronique au GUOT [CONGO] ;
- Madame Kriss BROCHEC, directrice de Congo Web Agency [CONGO] ;
- Docteur Antonin Idriss BOSSOTO, expert en TIC [CONGO] ;
- Monsieur Dieudonné NDINGA MOUKALA, directeur général de MUCODEC [CONGO] ;
- Monsieur Jean Serge NGOUMA, CEO PI Services, expert en TIC [CONGO] ;
- Monsieur Alain NDALLA, directeur général de Bureauflex [CONGO] ;
- Monsieur SANDE NDE, directeur des Réseaux et Services de Communications électroniques à l'ARPCE [CONGO] ;
- Monsieur Célestin ENDOKE, directeur des Affaires juridiques et internationales à l'ARPCE [CONGO].

TABLE DES MATIÈRES

REMERCIEMENTS

1. À leurs Excellences

• Monsieur Léon Juste IBOMBO, Ministre des Postes, des Télécommunications et de l'Economie Numérique pour son Allocution de cadrage et d'orientation ;

• Monsieur Fidèle DIMOU, Ministre des Transports, de l'Aviation Civile et de la Marine Marchande, pour son Discours d'ouverture ;

• Monsieur Thierry MOUNGALLA, Ministre de la Communication et des Médias, porte-parole du gouvernement, pour sa présence, sa participation et ses interventions ;

• Monsieur Jean François KANDO, Député Maire de la Ville de Pointe-Noire, pour son Mot de bienvenue à Pointe-Noire en direction de tous les participants ;

• Monsieur Eugène Rufin BOUYA, Directeur Général du GUOT, Vice-Président de l'Alliance Africaine pour le Commerce électronique (AACE) pour son allocution de circonstance ;

2. À la dévouée et professionnelle équipe d'organisateurs du personnel du Guichet unique des opérations transfrontalières, GUOT à Pointe-Noire

3. Aux Modérateurs de :

Jour 1 : 10 septembre 2018

• la Session 1 : Monsieur Eugène Rufin BOUYA, Expert en TIC et en Management, Vice-Président de l'Alliance Africaine pour le Commerce Electronique, Directeur Général du GUOT (CONGO) ;

• la Session 2 : Monsieur Guillaume AUBERT, Directeur de DEGETEL - Agence Digitale et Conseil en Services Numériques (FRANCE) ;

• la Session 3 : Monsieur Jean Serge NGOUMA, CEO PI SRVICE, Expert en TIC (CONGO)

Jour 2 : 11 septembre 2018

• la Session 4 Monsieur Eugène Rufin BOUYA, Expert en TIC et en Management, Vice-Président de l'Alliance Africaine pour le Commerce Electronique, Directeur Général du GUOT (CONGO)

• la session 5 : Monsieur Alain NDALLA, Directeur Général de Bureau Flex

• la session 6 : Monsieur Eugène Rufin BOUYA, Expert en TIC et en Management, Vice-Président de l'Alliance Africaine pour le Commerce Electronique, Directeur Général du GUOT (CONGO)

• la session 7 : Madame Kriss BROCHEC, Directrice CONGO WEB AGENCY (CONGO)

• la session 8 : Monsieur Lié Rupert GOUARI, Directeur des Systèmes d'Information et de la Certification Electronique du GUOT (CONGO)

Jour 3 : 12 septembre 2018

• la session 9 : Docteur Bernard NGAZO, Expert en Finances et en Management – Directeur Général de l'ESCIC (CONGO)

• La session 10 : Monsieur Ibrahima Nour Eddine DIAGNE, Directeur Général du Guichet Unique du Sénégal (GAINDE 2000)

4. À l'assistant à la compilation des textes et présentations des panélistes aux fins de l'édition :

• Monsieur Blaise Loleka Ramazani, juriste à Kinshasa

5. Au rédacteur du Communiqué final des travaux de l'Acte 1

• Dr Kodjo Ndukuma, Prof de droit du commerce électronique au Master Ohada de l'UPC à Kinshasa

Structures éditoriales du groupe L'Harmattan

L'Harmattan Italie
Via degli Artisti, 15
10124 Torino
harmattan.italia@gmail.com

L'Harmattan Hongrie
Kossuth l. u. 14-16.
1053 Budapest
harmattan@harmattan.hu

L'Harmattan Sénégal
10 VDN en face Mermoz
BP 45034 Dakar-Fann
senharmattan@gmail.com

L'Harmattan Cameroun
TSINGA/FECAFOOT
BP 11486 Yaoundé
inkoukam@gmail.com

L'Harmattan Burkina Faso
Achille Somé – tengnule@hotmail.fr

L'Harmattan Guinée
Almamya, rue KA 028 OKB Agency
BP 3470 Conakry
harmattanguinee@yahoo.fr

L'Harmattan RDC
185, avenue Nyangwe
Commune de Lingwala – Kinshasa
matangilamusadila@yahoo.fr

L'Harmattan Congo
67, boulevard Denis-Sassou-N'Guesso
BP 2874 Brazzaville
harmattan.congo@yahoo.fr

L'Harmattan Mali
Sirakoro-Meguetana V31
Bamako
syllaka@yahoo.fr

L'Harmattan Togo
Djidjole – Lomé
Maison Amela
face EPP BATOME
ddamela@aol.com

L'Harmattan Côte d'Ivoire
Résidence Karl – Cité des Arts
Abidjan-Cocody
03 BP 1588 Abidjan
espace_harmattan.ci@hotmail.fr

L'Harmattan Algérie
22, rue Moulay-Mohamed
31000 Oran
info2@harmattan-algerie.com

L'Harmattan Maroc
5, rue Ferrane-Kouicha, Talaâ-Elkbira
Chrableyine, Fès-Médine
30000 Fès
harmattan.maroc@gmail.com

Nos librairies en France

Librairie internationale
16, rue des Écoles – 75005 Paris
librairie.internationale@harmattan.fr
01 40 46 79 11
www.librairieharmattan.com

Librairie l'Espace Harmattan
21 bis, rue des Écoles – 75005 Paris
librairie.espace@harmattan.fr
01 43 29 49 42

Lib. sciences humaines & histoire
21, rue des Écoles – 75005 Paris
librairie.sh@harmattan.fr
01 46 34 13 71
www.librairieharmattansh.com

Lib. Méditerranée & Moyen-Orient
7, rue des Carmes – 75005 Paris
librairie.mediterranee@harmattan.fr
01 43 29 71 15

Librairie Le Lucernaire
53, rue Notre-Dame-des-Champs – 75006 Paris
librairie@lucernaire.fr
01 42 22 67 13

www.ingramcontent.com/pod-product-compliance
Lightning Source LLC
LaVergne TN
LVHW051357061026
849535LV00009B/3226